FIGURINES ET JOUETS

C000117906

LA CLINIQUE DU PROFESSEUR KELP

tome 1

RÉPAREZ vos ACTION FIGURES « VINTAGE » !

Jean-Marc DESCHAMPS

Les photographies montrant les objets au cours des diverses manipulations ont été prises par Jean-Marc Deschamps (droits réservés). Les vues des de ces mêmes objets dans leur état initial et final, ainsi que les mises en scène, sont de Erwan Le Vexier (droits réservés). Certaines de ces photographies proviennent du livre *Action Joe, l'histoire du GI Joe français* de Erwan Le Vexier, édité par Histoire & Collections en 2004. Les objets ayant servi de « cobaye » proviennent de la collection de Erwan Le Vexier et de Yvan West Laurence. Enfin, que le lecteur me pardonne pour la qualité douteuse de certaines photographies ; la nature ne m'ayant pas gratifié d'une troisième main, je n'ai pu à la fois faire les manipulations en direct, régler les éclairages, appuyer sur le déclencheur, m'essuyer le front et agir dans l'urgence de la situation ! À la fin de ce livre, vous connaîtrez tout de mes mains ! Et si vous pensez que j'ai besoin d'une manucure, vous êtes dans le vrai !

Le professeur Marcus Kelp et sa clinique sont des créations de Jean-Marc Deschamps.

HISTOIRE & COLLECTIONS

LE MOT DU PROFESSEUR

Qu'elles se nomment *GI Joe* aux États-Unis où elles sont nées il y a maintenant plus de quarante ans, *Action Joe* en France, ou encore *Mego*, les action figures pour garçons[1] trouvent désormais écho dans le cœur des adultes qui se rappellent les folles aventures imaginées étant gosses. Et comment pourrait-il en être autrement ! De part leur taille, leurs proportions, la souplesse des articulations, et le nombre quasi illimité de leurs accessoires, les action figures permettent d'infinies combinaisons que seules d'intrépides imaginations peuvent élaborer. D'autant que, depuis quelques années, la tendance va vers des reproductions quasi parfaites réservées non plus à l'enfant qui sommeille en chacun de nous, mais bien au collectionneur averti pour qui l'exactitude de la coupe des vêtements et la finesse des accessoires et des visages sont gages d'authenticité.

Mais voilà, le monde parfait n'existe pas, sans quoi ce livre n'aurait aucune légitimité. Car qui dit « action », dit également « réaction » ! À force d'avoir bourlingué dans tous les pays, plongé dans toutes les mers du globe, et même d'être allés — plusieurs fois ! — dans l'espace, *Joe* et ses amis héros et super-héros *Alcor*, *Actarus*, *Spider-Man*, *Musclor* et même *Steve Austin*, l'homme qui valut un jour trois milliards, ne sont plus aussi vaillants qu'aux premiers jours, car tous prennent de l'âge. N'est-ce pas humain, après tout ? Mais à la différence des ours en peluche et autres poupées de porcelaine qui jouissent d'une renommée telle qu'on peut leur trouver une place dans des établissements spécialisés, aucun de ces jouets devenus maintenant des « collectors » ne bénéficiaient d'un traitement de faveur. Il était donc temps de leur consacrer un ouvrage détaillant étape par étape leur restauration ou, autrement dit, leur réparation.

Est arrivé alors le détonant professeur Kelp[2], le médecin des « stars en jouet », bien connu des lecteurs de *Dixième Planète*, qui officie depuis sa clinique implantée dans le seul magazine de langue francophone consacré au phénomène culturel des jouets sous licences, appelés produits dérivés, et que le professeur Kelp nomme « proders[3] » pour économiser sa salive, mais pas ses jeux de mots !

Voici donc réunis, dans ce tome 1 de *la Clinique du professeur Kelp,* les épisodes consacrés aux action figures « vintage », dont font également partie d'autres personnages célèbres comme les *Maîtres de l'Univers* et les *Chevaliers du Zodiaque*, que vous êtes nombreux à collectionner. Ce livre n'est pas seulement un simple recueil des épisodes passés ; il est destiné aussi bien aux lecteurs fidèles du magazine *Dixième Planète* qu'aux nouveaux venus, car j'ai mis un point d'honneur à retravailler chacun des thèmes abordés, afin de faire bénéficier à tous de nouvelles astuces et d'une lecture plus appropriée à ce support. *La Clinique du professeur Kelp* version livre est donc une sorte de carnet de santé doublé d'un manuel de secours dans lequel chacun trouvera la réponse qu'il cherche en fonction de la restauration qu'il aura à entreprendre sur son proder préféré.

Bonne lecture !

Professeur Marcus Kelp

---

1. Véritable phénomène de société qui va en s'amplifiant, les action figures ont trouvé, depuis de nombreuses années déjà, leur place dans les collections de jouets pour adultes. Si le qualificatif de « poupées » pour garçons à de quoi en rebuter plus d'un — on peut aisément le comprendre ; le monde machiste dans lequel nous vivons ne nous a pas préparé à un tel changement des mœurs et certains, improvisés psychothérapeutes, n'auront pas manqué de faire lourdement remarquer combien notre société est en perte de valeurs familiales et de repères (on en rit encore !) — bref, le comportement d'un garçon qui joue avec une « poupée » articulée qui lui est destinée a donc autant de significations que celui qui, bien des décennies en arrière, s'amusait à aligner des soldats de plomb sur la table du salon familial. Pour être bref et clair : il n'y a pas de honte à aimer ce que l'on aime !

2. Le nom du professeur Kelp est un hommage au personnage imaginé par le comédien américain Jerry Lewis dans le film *The Nutty professor* (*Docteur Jerry et mister Love* en français), qui se nomme Lucius Kelp. Marcus Kelp peut dont être considéré comme le frère « caché » de Lucius ! Tout bien considéré…

3. Proder est la contraction de produit dérivé. Il a été inventé par l'auteur, et est déposé en tant que marque à l'*INPI*.

SOMMAIRE

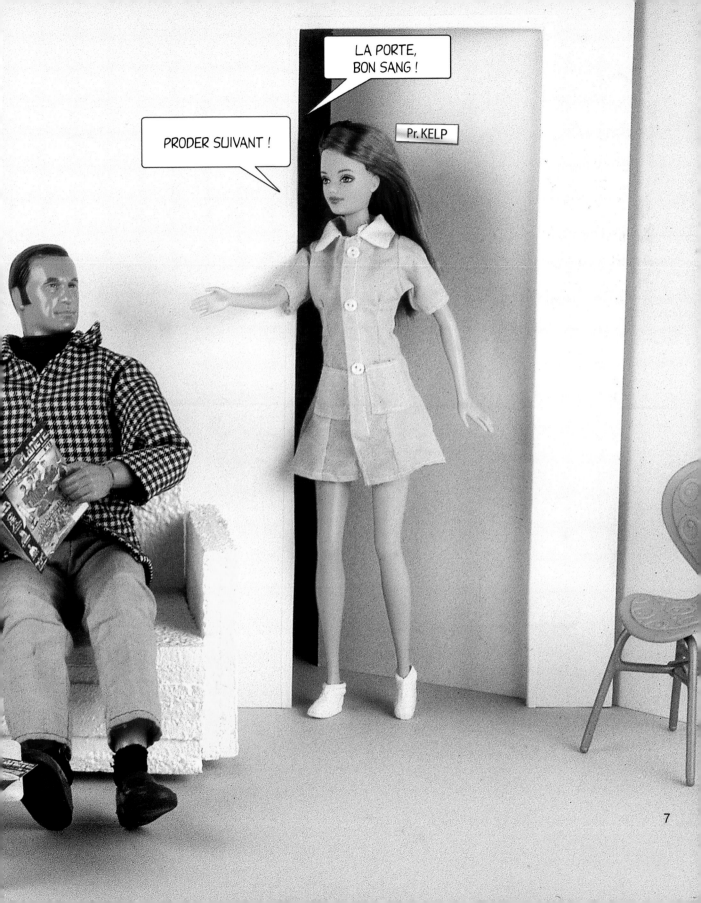

7

L'outillage de base

Ce qu'il faut avoir dans sa boîte à outils !

Pour qui veut s'adonner à la restauration, il est nécessaire de posséder un minimum de matériel adéquat. Sans aller jusqu'à se procurer des ustensiles qui ne vous serviront qu'une fois, il convient d'avoir dans sa trousse des outils indispensables. Ce qui suit est une liste non exhaustive de matériels. L'état de certains laisse à désirer, mais aucun de mes patients de s'est encore plein !

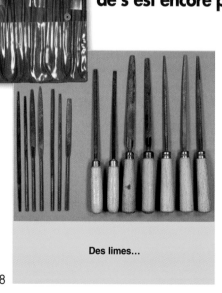

Des limes...

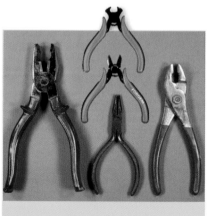

... des pinces universelles et des pinces coupantes...

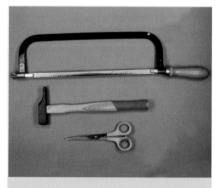

... une scie, un marteau, une paire de ciseaux (presque un inventaire à la Prévert !)...

... un étau...

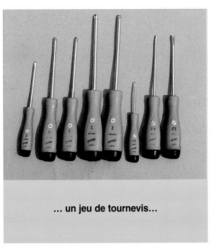

... un jeu de tournevis...

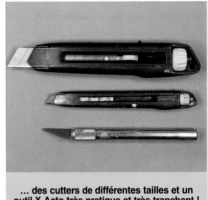

... des cutters de différentes tailles et un outil X-Acto très pratique et très tranchant ! N'oubliez pas de vous munir également de quelques lames de rechange.

LES LIMES

Des limes, il en existe de toutes les sortes et de toutes les tailles ; de la lime à métaux jusqu'à la lime à bois (la caravane passe…). Celles que je vous conseille sont des limes adaptées au maquettisme. Elles se caractérisent par la finesse de leurs stries.

LES PINCES

Celles dont nous allons nous servir sont : une pince coupante, une pince à bout rond pour former du fil de fer, une pince universelle et une pince multiprise de bonne taille. Sans oublier un jeu de pinces à épiler pour maintenir les très petites pièces.

LE MARTEAU

Inutile de recourir au marteau de Thor ! Un simple marteau de taille modeste fait l'affaire.

LES SCIES À MÉTAUX

La qualité de la lame est d'une importance cruciale, car elle viendra plus facilement à bout d'un clou ou d'un boulon, par exemple.

L'ÉTAU

Il est nécessaire de posséder un petit étau qui maintiendra l'objet fermement pendant que Lassie fait ses besoins… Inutile, ici encore, de recourir à un étau de garagiste ! Privilégiez plutôt (après Lassie, voici Pluto !) un petit étau de maquettiste, qui se fixe à l'aide d'un serre-joint, et non pas avec une ventouse (qui se relâche vite).

TOURNEVIS

Il en existe de toutes sortes, aussi il est bien d'en avoir de toutes les tailles et de toutes les formes. Pensez également aux tournevis d'opticien (à sa mémère…) qui facilitent les travaux très fins.

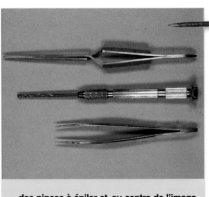

... des pinces à épiler et, au centre de l'image, un porte-outil permettant de fixer des forets et des fraises...

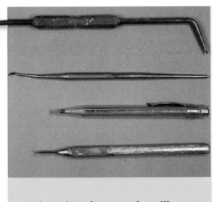

... des pointes à tracer et à « griffer »...

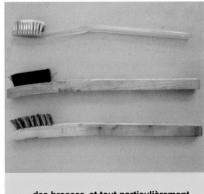

... des brosses, et tout particulièrement une brosse à dents !

Des forets de maquettisme…

… une boîte de micro forets très utiles pour les travaux de micro précisions…

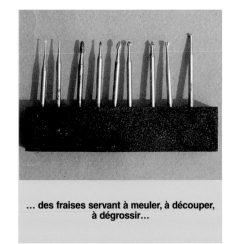

… des fraises servant à meuler, à découper, à dégrossir…

CUTTER

Un cutter de taille moyenne et un de plus grande dimension vous permettront de couper convenablement les matériaux les plus divers.

X-ACTO

L'X-Acto est un outil très performant. C'est une sorte de bistouri pour maquettiste. Mais attention à vos doigts : ça coupe comme une véritable lame de rasoir !

POINTE À TRACER (OU POINTE SÈCHE)

C'est un instrument ayant à son extrémité une pointe du type aiguille, qui vous permettra de transpercer la matière tendre.

LES FORETS

Fixés sur une mini perceuse ou à l'extrémité d'un porte-outil,

ils sont utilisés pour percer des trous de différents diamètres. Inutile de voir gros : des diamètres allant de 0,5 à 3 mm sont parfaits pour nos besoins. Ici encore, privilégiez la qualité ; ce type de matériel est fragile et se casse facilement. Le mieux est encore de se munir d'une boîte renfermant la collection de forets. Ajoutez également à cette panoplie un set de « fraises » de dentiste.

PLANCHE À DÉCOUPER

Ce matériel est très pratique car il permet des découpes aisées grâce à son revêtement tendre mais néanmoins ferme, qui n'abîme pas les lames. Ne faites que du découpage dessus, car le revêtement est fragile (il se marque facilement avec les colles et les peintures).

LE FER À SOUDER

Il sert normalement à souder des fils électriques. Il est utilisé avec

… un tapis de découpe bien utile pour travailler proprement…

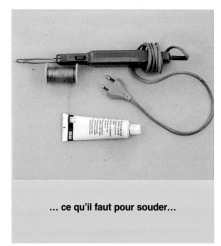

… ce qu'il faut pour souder…

…des produits chimiques de base : un efface rayure pour… effacer les rayures ! De l'alcool, de l'essence A (qui retire les adhésifs), des bâtonnets ouatés, un chiffon…

un décapant qui élimine les impuretés afin que l'étain puisse se déposer correctement. Pour nos besoin, le fer va surtout servir à « lisser » des surfaces (comme ce sera le cas pour les articulations recréées avec *Utile Plast*. Voir page 36).

PAPIER, CHIFFONS ET... COTON TIGE

Il est très utile de transformer vos vieux T-shirts en chiffon, surtout quand ceux-ci sont en coton. Quant au papier, le mythique Sopalin est ce qui convient le mieux, sans oublier le bon vieux papier toilette et le coton tige.

PRODUITS D'ENTRETIEN

Les fées du logis sont l'alcool, l'essence A (qui élimine les adhésifs), le trichloréthylène et l'acétone. Attention à ces deux derniers, ils sont DANGEREUX ! L'eau déminéralisée, quant à elle, est facultative. Mais elle laisse cependant moins de traces que l'eau normale.

PAPIER ABRASIF ET POLISH

Le papier abrasif, connu également sous le terme de papier de verre, est très utile pour dépolir et préparer des surfaces, celles qui devront être collées, par exemple. Attention : il faut se procurer du papier abrasif imperméable de granulosité 800, de bien meilleure qualité. Je l'associe avec la pâte à polir car elle vient en complément du papier abrasif. Cette pâte, encore appelée efface rayures, est constituée de micro grains abrasifs qui « surfacent » et rendent lisse les, heu… surfaces !

COLLES

Il existe autant de colles qu'il y a d'applications. La fameuse *Super-glue* (cyanoacrylate) est la plus pratique car elle colle presque tous les matériaux. Son principal problème est que le collage n'est pas

toujours solide et que les chocs peuvent casser les assemblages. Elle agit lorsque l'hygrométrie est relativement élevée et c'est pourquoi elle colle plus facilement les doigts que le bidule qui doit être réparé ! Il existe un accélérateur de collage pour la cyanoacrylate, mais son utilisation est délicate ; ça colle assez vite comme ça ! Pour des collages résistants, on privilégiera la colle époxydique à deux composants. C'est une sorte de résine que l'on mélange à parts égales à un catalyseur. Le temps de prise est par conséquent plus long.

La colle pour maquette n'est pas utilisable ici, car nos chers proders ne sont généralement pas moulés dans le plastique adéquat (styrène).

Colle epoxydique à deux composants.

MENU MATÉRIEL

Enfin, il est utile de respirer dans un masque anti-vapeurs nocives et de porter des gants, soit de caoutchouc, soit de travail, plus épais. Les gants en latex sont très pratiques car ils n'entravent pas les sensations du touché. Ils nous protègent des colles et des produits corrosifs, du genre acétone, trichloréthylène, et surtout le pérhydrol, une des plus dangereuses substances chimiques que vous aurez à utiliser.

CONCLUSION

La liste présentée dans ce chapitre est bien évidemment évolutive. Si vous mettez la main sur tous les outils que je viens de citer, vous deviendrez un véritable pros aux yeux de vos amis ! Je n'ai pas abordé le problème des matériaux car ces derniers sont en fonction de la restauration à effectuer. Sachez que des élastiques, du carton et de tout un tas d'autres trucs comme des micros vis, des boulons, etc., sont légions dans une trousse de bricolage. Mais nous y reviendrons.

Place maintenant aux interventions du professeur Kelp !

… une mini perceuse, outil indispensable - bien qu'onéreux - des maquettiste et des restaurateurs.

Utile Plast, **un plastique bien particulier qui peut être travaillé à la chaleur (voir page 36).**

Et du papier abrasif !

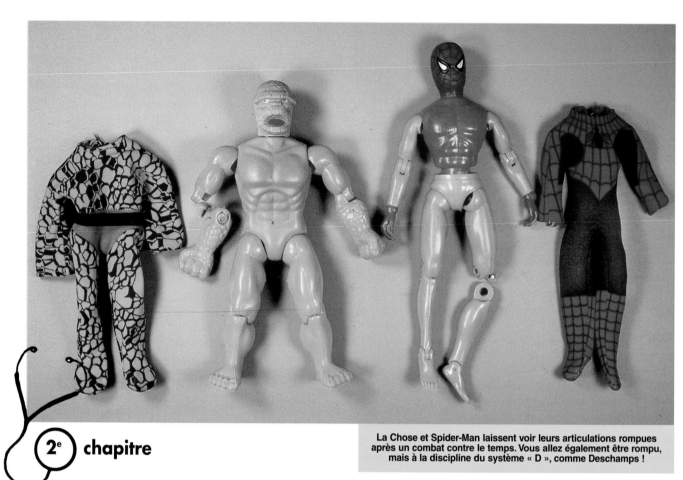

La Chose et Spider-Man laissent voir leurs articulations rompues après un combat contre le temps. Vous allez également être rompu, mais à la discipline du système « D », comme Deschamps !

(2ᵉ) **chapitre**

« Faut pas Mego-ter ! »

1ᵉʳᵉ partie : les articulations de la marque *Mego*

Inaugurons ce premier chapitre avec les « poupées » de la marque américaine *Mego* qui firent la joie des collectionneurs durant les années soixante-dix.

À chaque marque d'*action figure* correspond une méthode de fixation des membres. La marque *Mego*, qui fut célèbre dans les années soixante-dix, produisit des figurines articulées dont les membres,

ainsi que la tête, tenaient grâce à de simples élastiques passant dans des boucles en métal. Avec le temps, les élastiques se sont bien évidemment détériorés, et les membres se sont désolidarisés du corps. Parmi mes patients, voici des *action figures 8 pouces* (une vingtaine de centimètres) : il s'agit de Ben Grimm - « la Chose » de l'équipe des *Quatre Fantastiques* - , Spider-Man, et Cornelius de *La Planète des singes*. Tous trois se sont présentés à mon cabinet, et je dois dire que les bras m'en sont tombés, au sens propre comme au figuré ! Avec le temps, tout s'en va…, laissant nos héros flottant dans leurs beaux costumes.

Ces attaches étant, pour certaines, spécifiques aux personnages, nous allons donc prendre connaissance des problèmes de chacun d'eux.

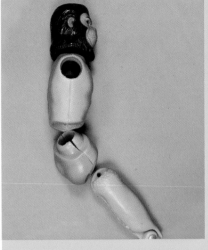

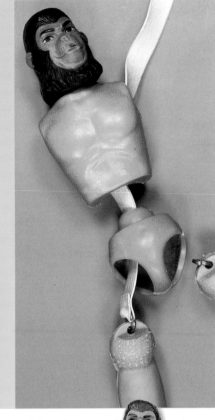

Les élastiques de Cornelius n'existent plus. Vous noterez que les rotules des coudes, des poignets, des genoux et des chevilles sont en métal.

L'élastique retient la jambe droite au bras gauche. On aperçoit nettement les maillons de métal sur lesquels vient s'enrouler l'élastique, maintenu par un point de colle cyanoacrylate. Ce maillon de métal est extrêmement solide, il faut donc utiliser deux pinces afin d'ouvrir et refermer cet anneau sur son emplacement. En maintenant fermement les membres, il est possible de créer une tension sur l'élastique et de mettre un point de colle sur l'extrémité repliée (cette fois-ci autour de l'anneau du bras). Ainsi, le personnage retrouve son « tonus » !

CORNELIUS

Nous débuterons la consultation par notre ami Cornelius, qui a des problèmes de fuite de membres en raison d'un vieillissement des élastiques qui solidarisent au torse à la fois ses jambes et ses bras. Ici, la solution consiste à remplacer les élastiques déficients par de nouveaux. C.Q.F.D. !

Le système en vigueur chez *Mego* consistait à croiser les élastiques, le bras droit étant relié à la jambe gauche, et inversement ; le tout fixé grâce à des anneaux en métal. Comme il est difficile de mettre la main sur des élastiques identiques, il va falloir trouver une solution de remplacement. Cette solution, c'est l'emploi d'un élastique que l'on trouve en mercerie. Ce caoutchouc, utilisé dans les sous-vêtements, est d'une grande solidité et disponible sous forme de ruban facile à utiliser. Les anneaux peuvent être recréés en utilisant de la tige de métal recourbée à l'aide d'une pince (voir plus loin), ou en employant des écrous de serrage fendus.

L'élastique doit être passé dans l'anneau, et l'extrémité rabattue tient par une pointe de colle cyanoacrylate (la *Super-glue* bien connue de tous, qui colle plus facilement les doigts que le sujet !), car le collage caoutchouc sur caoutchouc est très résistant. Une autre méthode consiste en l'utilisation d'une cordelette élastique (de section ronde, donc), qui sera maintenue tout simplement par du plomb de pêche fendu qu'il faut vous procurer soit dans une grande surface, au rayon pêche, soit dans des magasins spécialisés.

Voilà votre Cornelius réparé, et j'espère que ça vous « Zira[1] » comme ça !

1. Zira est la compagne de Cornélius !

La jambe de Spider-Man dans son état d'origine. Il arrive bien souvent de voir « l'olive » mâle cassée à son extrémité (cercle rouge).

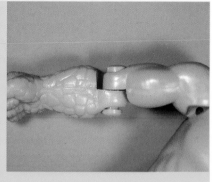

L'articulation est cassée au niveau du coude. On accepte qu'il y ait un « avant-bras », mais certainement pas un « après-bras » ! On voit ici comment est constituée cette rotule. Les pièces s'encliquettent l'une dans l'autre, formant le bras dans son entier.

LA CHOSE ET SPIDER-MAN

Avec Spider-Man et surtout Ben Grimm, c'est autre « chose » ! En effet, si le système de fixation est identique à celui du précédent personnage, le problème se situe au niveau des articulations qui ne sont plus en métal mais bien en plastique cassant. Les membres sont composés de deux parties (bras et avant-bras, cuisse et « tibia ») reliés par une sorte de « clip » lui-même composé de deux pièces pénétrant l'une dans l'autre. À moins de se procurer ces pièces sur des sites spécialisés américains (voir page suivante), il n'y a pas d'autre solution que de les fabriquer sur-mesures. Pour cela, nous avons à disposition de nombreux profilés en plastique qui peuvent répondre à nos besoins. Ces profilés, qui existent sous différents diamètres, sont aisément disponibles chez les revendeurs de maquettes et autres boutiques de bricolage, et doivent par conséquent être découpés suivant les dimensions des pièces originales. Un cutter et une goutte de colle suffisent pour obtenir des copies simplistes à moindres prix. Mais avec cette méthode, il ne peut y avoir cette excroissance (sorte « d'olive ») permettant un emboîtement parfait des pièces... La rondelle de plastique est obtenue à l'aide d'un emporte-pièce (ou découpée avec des ciseaux), sur laquelle vient se coller le système de « tubes ». Pour assurer plus de solidité à cette articulation, il peut être envisageable de faire un trou dans la rondelle de la pièce femelle, trou du même diamètre que la tige de la pièce « mâle », afin qu'elle soit comme « sertie », c'est-à-dire maintenue fermement à l'aide d'une pointe de colle.

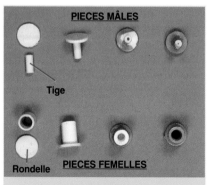

PIECES MÂLES

Tige

Rondelle

PIECES FEMELLES

Les rotules de confection artisanale : en haut les pièces mâles, en bas, les pièces femelles. Elles sont peintes couleur chair à droite de la photo.

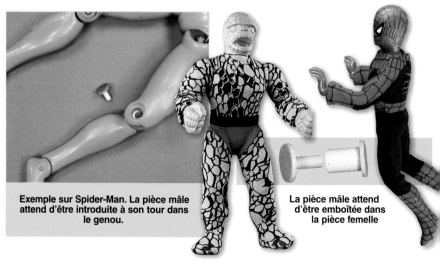

Exemple sur Spider-Man. La pièce mâle attend d'être introduite à son tour dans le genou.

La pièce mâle attend d'être emboîtée dans la pièce femelle

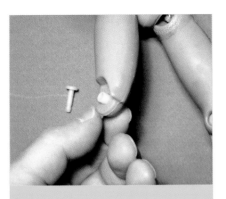

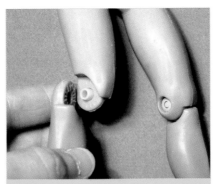

Composées d'une pièce mâle et d'une autre femelle, les rotules de remplacement s'adaptent aisément sur les anciens supports.

Une fois la pièce femelle en place (face interne du genou), le « tibia » vient prendre sa position.

La pièce mâle vient alors se positionner de l'autre côté de l'articulation (face externe du genou).

REMPLACEMENT DES ARTICULATIONS PAR DES NEUVES

Pour mieux vous faire comprendre comment remplacer les rotules, qu'elles soient situées au niveau des genoux ou des coudes, nous nous sommes procurés des pièces neuves disponibles sur le site de *docteur Mego* aux États-Unis (*www.drmego.com*), qui reproduit à l'identique, ou presque, les rotules d'origine qui se sont cassées avec le temps.

Ces rotules en plastique existent en plusieurs dimensions, chacune d'elles adaptée en fonction des besoins. Il existe également plusieurs tailles d'*action figures*, les morphologies étant elles aussi variées. Au lieu de vous faire un long discours, les photographies ci-contre montrent de façon claire comment procéder pour remplacer les anciennes rotules par des neuves. Mais faites tout de même attention : elles sont toujours aussi fragiles !

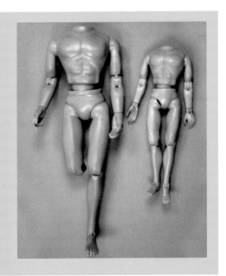

Différents corps *Mego* existent (le 12" à gauche et le 8" à droite), ainsi que différentes morphologies. Il n'est pas rare d'en trouver dans les brocantes, vous permettant ainsi de vous constituer des pièces de remplacement pour vos proders préférés.

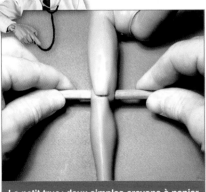

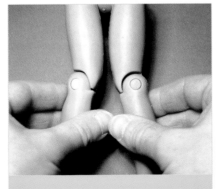

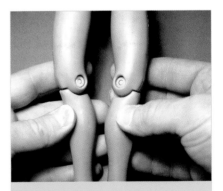

Le petit truc : deux simples crayons à papier permettent de forcer spécifiquement sur les rotules afin que la pièce mâle pénètre dans la pièce femelle.

Voilà ! L'opération est réussie lorsque les rotules affleurent le plastique.

Notez bien la position de chacune des pièces : mâle à l'extérieur des genoux, femelle à l'intérieur.

2ᵉ partie : le collage d'un membre cassé

On oubli quelque fois que les élastiques ne sont pas les seuls à souffrir de l'usure du temps. Il arrive bien souvent que le plastique lui-même subisse des altérations qui défigurent les objets de collection. Voyons le cas d'une « belle » cassure située sous le genou de Mightor.

Ici, le plastique est carrément fendu (on ne sait comment), au point de fragiliser dangereusement la jambe. Nous allons voir comment remédier à ce problème, que vous pouvez fréquemment rencontrer sur vos *action figures*.

Le plastique utilisé dans la fabrication de ce type de produits est si facétieux qu'aucune colle n'est succeptible de « souder » définitivement le matériau synthétique. C'est pourquoi il est préférable d'employer une colle qui a fait ses preuves : la résine époxy associée à son catalyseur. Mais plusieurs raisons rendent son usage délicat : le mélange obtenu doit être parfaitement homogène, le temps de prise est long, et enfin cette colle est une véritable poisse ! Attention donc au doigts !

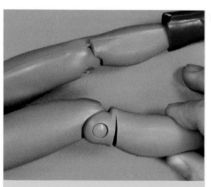

La cassure est située au-dessous et en arrière du genou. Il demeure toutefois un point positif dans notre malheur : la jambe est encore maintenue et pourra être correctement alignée.

Le petit truc : pensez à utiliser de la colle époxy à deux composants, car la colle dite *Superglue* n'agit pas sur ce plastique. Le mélange peut se faire sur un simple couvercle de fromage blanc.

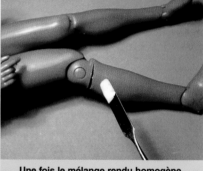

Une fois le mélange rendu homogène, la même spatule permet d'enduire de colle la cassure. Veillez à ne point trop en mettre, car la colle risque de baver en resserrant les deux parties du membre en plastique.

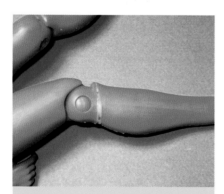

La colle est répartie sur toute la surface de la cassure, et va même « goutter » à l'intérieur des deux morceaux.

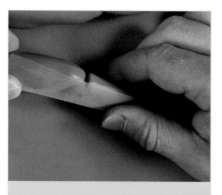

Le membre est maintenu resserré grâce à un morceau de ruban adhésif qui joue le rôle d'attelle.

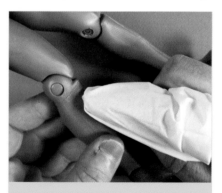

Si un peu de colle a bavé sur le plastique, un chiffon imbibé d'acétone en retire l'excédent, sans abîmer la matière.

3ᵉ partie : fabrication d'une attache en métal

Voici un petit sujet très simple qui consiste à confectionner une petite attache en métal.

La façon de procéder est somme toute assez simple, puisque nous allons utiliser un trombone en métal, matériel de bureau extrêmement résistant. Il doit être coupé est plié à l'aide de petites pinces utilisées en maquettisme.

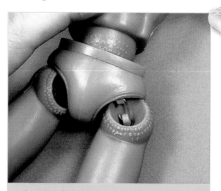

Les attaches telles qu'elles se présentent d'origine. Non, le personnage n'a pas la « chair de poule » ! Cette particularité sert à maintenir la position du membre en évitant au plastique de glisser sur lui-même.

Le petit truc : transformation d'un simple trombone de bureau en pièce détachée : il faut d'abord le déplier presque complètement...

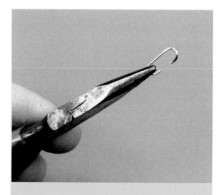

... et le recourber à l'aide d'une pince de modélisme un peu spéciale. Celle-ci possède des bouts arrondis, permettant de former le métal.

4ᵉ partie : retirer et replacer une tête de type *Mego*

Puisque nous y sommes, votre cher professeur vous indique comment retirer correctement une tête de son logement.

Quand celle-ci est en plastique souple (généralement en vinyle), il est plus facile de le faire après l'avoir trempé dans l'eau chaude. Le plastique se ramollit juste ce qu'il faut pour permettre au cou de se déformer sans risquer d'arracher la matière.

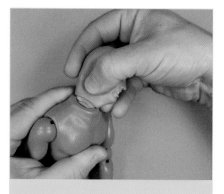

La méthode est simple : on « écrase » le plastique jusqu'à voir la partie enfouie dans le cou...

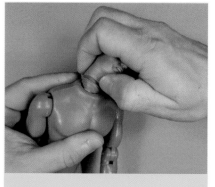

... sans forcer de trop, le plastique se déforme jusqu'à libérer « l'olive » à la base du cou.

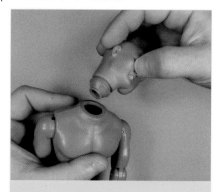

Et voilà ! Pour remettre la tête en place, c'est pareil, sauf que c'est parfaitement le contraire !

5ᵉ partie : interchanger des membres

La réparation de vos objets passe également par l'acquisition de pièces détachées. Outre celles que l'on peut se procurer sur des sites internet spécialisés, les brocantes sont le lieu idéal pour la chasse aux joujoux incomplets, abîmés et même cassés. À défaut de pouvoir être réparés, ils vont servir de donneurs d'organes !

La méthode qui suit vous indique comment procéder pour échanger un bras dépourvu de main (elle s'est cassée il y a bien longtemps…), contre un membre neuf complet trouvé au fond d'un sac, dans un vide-grenier !

« *Kelp, je suis ton père* » ! En plus d'une jambe malade, ce Mightor sans main gauche souffre d'une fracture de l'avant-bras !

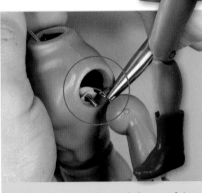

Il faut retirer le membre malade en maintenant l'élastique en position au moyen d'une tige en fer. Pour cela, elle doit pénétrer dans l'élastique et prendre appui sur le bord.

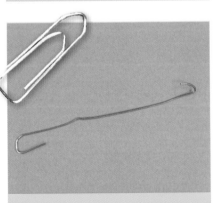

On pousse un peu plus loin la tige de métal qui maintient l'élastique en place. Cela permet de dégager le crochet du bras malade.

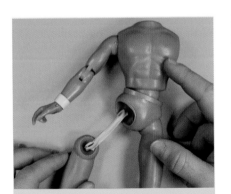

Une fois le bras et la tige de métal retirés, la jambe droite « tombe » d'elle-même, car les élastiques sont « croisés » : bras droit avec jambe gauche, et inversement.

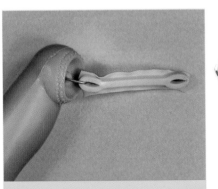

Détail des élastiques de Mightor. Ce sont en réalité des appendices en caoutchouc possédant une « boucle » à chacune des extrémités.

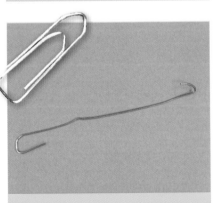

Nous allons détourner un trombone de son rôle pour en faire une tige munie d'un crochet, et destiné à attraper sans effort l'élastique.

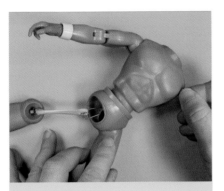

La jambe est à nouveau présentée, et son élastique fixé à l'extrémité de la tige-crochet.

Il suffit de tirer sur la tige-crochet pour ramener vers l'ouverture l'élastique de la jambe. La tige de métal entre en jeu pour maintenir à nouveau l'élastique en place.

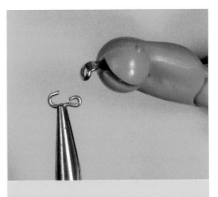

On replace sur le bras neuf le crochet qui aurait pu tomber…

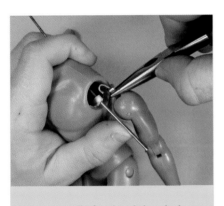

… et on l'insère dans la boucle de l'élastique maintenue dans l'ouverture.

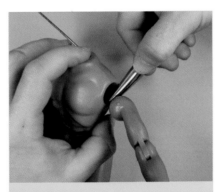

Il faut maintenir solidairement le crochet avec l'élastique, et retirer doucement la tige de métal.

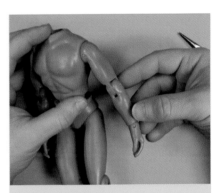

Et voilà ! Mightor a un bras tout neuf, et une main !

6ᵉ partie : le cas du casque de Mightor

Rien de bien particulier ici, si ce n'est pour vous montrer comment la cape de Mightor est maintenue sur sa tête. Pour ce faire, le casque est pourvu d'un « têton » en plastique qui pénètre à la fois dans la cape et dans un trou situé sur le sommet du crâne…

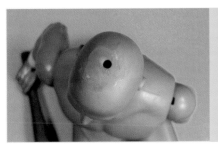

7ᵉ partie : dégriser les têtes en vinyle

Les figurines articulées de collection sont moulées, pour l'essentiel, dans un plastique dur et résistant. La matière utilisée pour les têtes des action figures vintage est tout au contraire en plastique vinyle souple. Ce qui peut poser quelques fois des problèmes...

PERMIS DE GRISER

Parmi ces problèmes, il y a ceux liés logiquement à la saleté, car la souplesse des matériaux les rend fragiles (on ne compte plus le nombre de poupées et autres figurines comme Big Jim dont les bras, recouverts de caoutchouc, se sont entachés).

Mais il y a également ceux liés à la nature même du plastique. Dans notre cas, nous allons prendre comme exemple la tête du personnage *Mego* James Bond 007, lorsque Roger Moore lui prêtait ses traits. À le voir ainsi, on le prendrait pour le Joker de la série *Batman* des années soixante ! Mais ce n'est ni son système pileux, ni ses lèvres d'un joli vert émeraude qui nous intéressent ici ! Non, ce qui retient particulièrement notre attention, c'est bien la teinte gris verdâtre du visage. En effet, le personnage a perdu peu à peu sa couleur chair d'origine, certainement à cause de la lumière, mais

également des bactéries. Eh oui ! À force de jouer les taupes pour le gouvernement, notre héros a le teint terreux !

ON NE VIT QUE DEUX FOIS. ET KELP LE PROUVE !

Il existe une solution pour redonner sa couleur au visage. Elle consiste en l'utilisation de deux agents secrets ; l'un est un rénovateur de caoutchouc nommé *Brillant Pneu* (commercialisé sous différentes marques), l'autre est un produit particulier (du nom de *Plasti Dip*) qui sert à revêtir les manches d'outils d'une protection plastique ergonomique ! Ce dernier se présente sous la forme d'une boîte contenant une sorte de liquide caoutchouteux très visqueux, dans lequel l'objet à recouvrir est plongé.

La méthode, d'une simplicité étonnante, consiste à humidifier les surfaces à l'aide du rénovateur, puis à plonger, plusieurs fois de suite, la tête dans le caoutchouc liquide afin de la revêtir d'une gangue protectrice, et à laisser sécher.

Vous l'avez compris, cette méthode s'apparente ni plus ni moins à des soins corporels comme on peut en prodiguer dans les instituts de beauté ! La gangue permet au rénovateur d'agir durablement sur le plastique, afin de lui faire retrouver la teinte rose de ses origines. Pour cela, il faut renouveler au moins trois fois le traitement toutes les vingt quatre heures, pour obtenir un résultat satisfaisant.

Ah ! Le professeur Kelp semble bien être le *Goldfinger* des stars en jouet et des produits dérivés !

Posséder dans sa collection des personnages à la grise mine a de quoi rendre vert de rage le collectionneur !

Le petit truc : un manche de vieux pinceau est bien pratique, en raison de ses formes tronconiques.

Le manche peut ainsi s'enfoncer dans l'orifice jusqu'au diamètre adéquat, et maintenir fermement l'objet (on comprend mieux pourquoi James Bond fait cette tête !)

Le rénovateur pneu est ensuite vaporisé abondamment sur l'objet à traiter, en faisant ruisseler le liquide sur les surfaces.

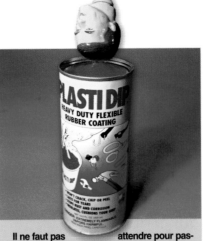

Il ne faut pas _____ attendre pour passer à la deuxième étape qui consiste à plonger l'objet dans le caoutchouc liquide *Plasti Dip* (disponible sur *www.keylite.com*).

Au bout de quelques « plongeons », le caoutchouc liquide (ici en rouge) va réussir à s'accrocher aux surfaces, malgré la présence du rénovateur qui empêche l'adhérence.

En quelques minutes, voire quelques heures, le caoutchouc va sécher et former une enveloppe souple.

Après au moins vingt quatre heures de « macération », l'enveloppe de plastique, qui a formé une sorte de gangue autour de la tête, est retirée à l'aide d'une paire de ciseaux.

Il faut renouveler le traitement minimum trois fois pour espérer un résultat probant.

Ainsi, le visage du personnage passe progressivement de la teinte gris verdâtre…

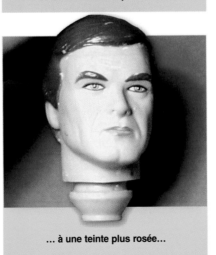

… à une teinte plus rosée…

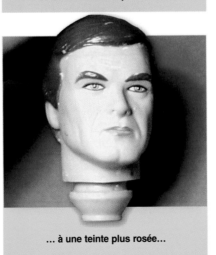

… jusqu'à d'origine ! preuve en par l'olive à la qui demeure encore… sa couleur D'ailleurs, la est donnée base du cou vert olive !

21

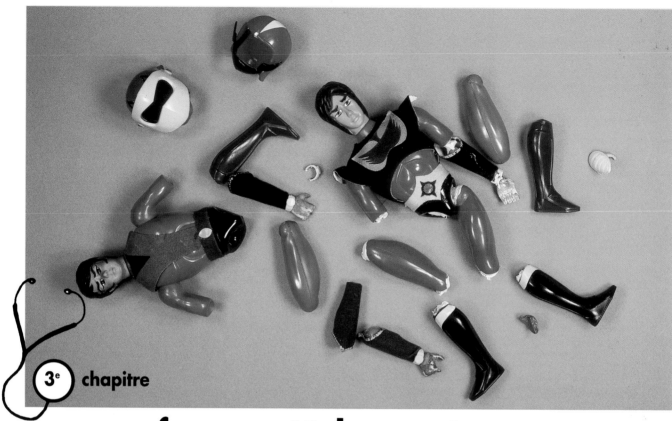

« professeur Kelp, go ! »

1ere partie : les articulations de remplacement

Abordons la restauration des articulations des *action figures* 9 pouces d'Alcor, d'Actarus et du Capitaine Flam[1]. Ces personnages furent distribués uniquement en France par *Céji Arbois* à la fin des années soixante-dix. Leur corps est basé sur celui des *Super Joe* qui remplaçaient à ce moment les *GI Joe* 12 pouces[2] , et sont par conséquent au goût de l'époque en termes de finesse et de qualité.

Ce chapitre dévoile donc comment restaurer ces *vintage* qui ont beaucoup souffert avec les années.

GÉNÉRALITÉS

Les articulations de ce type de mannequins sont sujettes à la détérioration car le caoutchouc se désagrège avec le temps (suite page 24).

1. Ce Capitaine Flam fut réalisé sur la base du corps de Marc de *La Bataille des Planètes* (avec un copyright *Filmation* au bas du dos). Ces conseils s'appliquent donc également pour la restauration du chef de la Force G.
2. Repportez-vous au livre *Action Joe, l'histoire du GI Joe Français*, édité par *Histoire et Collections*.

PRÉCAUTIONS

Ouvrir un membre de *Capitaine Flam* est moins facile que de s'ouvrir une main! Aussi, faites très attention en utilisant votre cutter ou votre tournevis. Ils pénètrent les chairs avec une déconcertante aisance! Pour plus de précautions, vous pouvez enfiler un gant de cuisine ou mieux, des gants de bricolage.

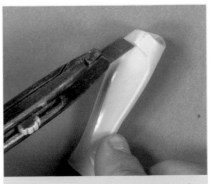

Première étape : ouverture des membres à l'aide d'un bon cutter et d'une lame neuve, en suivant la ligne de joint. N'hésitez pas à répéter plusieurs fois l'opération.

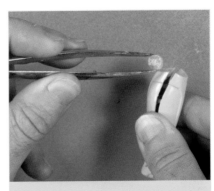

Oh! Un nestor « vintage »? Non! La rotule en caoutchouc, ou du moins ce qu'il en reste. Ne la jetez pas : elle peut servir de gabarit.

Tout ce qui a pu être récupéré a été collé sur un adhésif afin de servir de références lors de la fabrication des nouvelles articulations.

Le matériel nécessaire à la confection des nouvelles articulations : des baguettes de bois ou de plastique et des vis de différentes tailles.

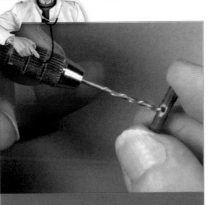

Le petit truc : pour permettre à la vis de remplir son rôle et d'éviter que les fibres de bois n'éclatent, il faut faire un trou d'un diamètre inférieur à celui de la vis.

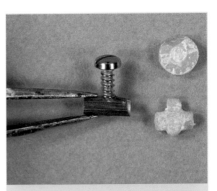

Comparaison entre une articulation artisanale et articulation originale. La vis sert de rotule alors que la section de baguette sert d'axe. La tige de bois peut être remplacée par un tube en laiton.

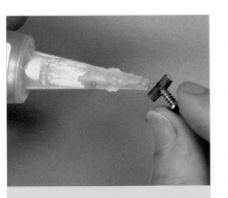

Par précaution, une petite goutte de *Cyanolite* peut être déposée pour que la vis ne se dévisse pas.

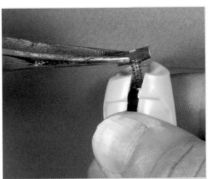

La nouvelle pièce d'articulation est mise en place à l'aide d'une pince à épiler, en écartant délicatement les deux coques.

Une tige filetée garnie d'écrous fait office d'axe et de rotules.

23

Ici, il en va de même, et les différentes parties des membres tombent en poussière, comme vous pouvez le voir sur les photographies. Je vais donc vous présenter une méthode peu onéreuse pour réaliser des articulations solides et durables (et qui, par conséquent, ne mettra pas en péril le système de santé français !). L'utilisation de caoutchouc permet aux articulations d'être résistantes, certes, mais permet surtout de jouer sur l'élasticité de la matière afin que les membres puissent se plier tout en conservant une certaine tonicité. Cette tonicité n'étant octroyée qu'en partie seulement par le fameux élastique que l'on fait passer sur toute la longueur des membres, et qui donne un aspect un peu pantin aux figurines restaurées (technique couramment employée par les revendeurs de *vintage*).

Grâce à la méthode que je vais vous livrer ici, vous allez pouvoir restaurer bon nombre d'*action figures* en vous fabriquant des pièces d'articulation sur mesures. Petites précisions cependant : les articulations en plastique de remplacement de la marque *Cotswold*, (vues dans *Dixième Planète* n° 15), ne sont utilisables que sur les personnages GI Joe 12" *Muscle Body* postérieurs à 1975 de type *Action Joe*. Ici, Actarus et ses frères sont trop petits pour pouvoir en bénéficier. D'autre part, il est certain que si l'on gagne en solidité, les articulations ci-présentes perdent en élasticité…

LES JAMBES

Nous commencerons par les membres inférieurs (ne le prenez surtout pas pour vous !). On ne peut faire autrement que d'ouvrir les pièces à l'aide d'un bon cutter, afin d'avoir accès à l'intérieur, en faisant très attention aux doigts. Une fois ouvertes, les pièces sont débarrassées des vestiges de caoutchouc, qui peuvent alors servir de gabarits s'ils sont en état, et qui seront avantageusement remplacés par de nouvelles articulations MbK (*Made by Kelp*) ! Cela consiste à utiliser une petite vis qui vient s'insérer dans un bout de baguette. Ni plus, ni moins ! Cette technique permet de jouer sur la longueur de la vis et donc de régler comme on veut la « tension » de la pièce ainsi fabriquée. Il existe dans le commerce différent modèles de vis permettant toutes sortes de travaux, le choix ne manque donc pas. En ce qui concerne la baguette de bois qui sert d'axe, elle provient d'un tuteur de plantes ! Ce bois est extrêmement solide et, de surcroît, imputrescible.

Pour ne pas risquer d'éclater les fibres du bois, il est recommandé de faire un trou à l'aide d'un petit foret (ou « mèche » dans le langage populaire), afin que la petite vis puisse se ficher dans la matière sans l'abîmer. Cette baguette peut être remplacée par 24 un profilé en plastique du bon diamètre, ou mieux, par un tube de

métal tendre (laiton). Les découpes sont plus délicates, mais la pièce ainsi obtenue est bien plus solide.

LE PELVIS

Puisqu'on parle de vis et de baguette, nous nous retrouvons dans un cas de figure différent avec le « bassin » du personnage. Ici, il faut recourir à l'emploi d'une tige filetée sur laquelle on visse des écrous permettant de régler le serrage des cuisses. Ces écrous servent également de rotules, puisque le métal glisse aisément sur le plastique. Les pièces confectionnées doivent d'abord être positionnées à « blanc » afin de régler la tension entre les différents parties des membres.

Une fois les réglages faits, et par mesure de sécurité, il est recommandé de déposer une petite goutte de *Superglue* à la base de la vis afin qu'elle ne se désolidarise pas de son axe. Ceci est également valable pour les écrous de la tige filetée qui constitue l'axe du bassin. Une fois les pièces en place, on referme les coquilles en les collant à la colle cyanoacrylate (la fameuse *Superglue*). Après séchage on égalise les joints à l'aide d'une lime fine et de papier abrasif, en veillant à ne faire aucune rayure malencontreuse.

PROCÉDÉ « TOUT FOU, TOUT FLAM » !

Pour les épaules de Capitaine Flam, le procédé est le même, mais la vis doit être légèrement plus longue car l'espace entre le bras et l'épaule est plus important. Une petite astuce tout de même : pour créer une sorte de butée qui va permettre la tension entre le bras et l'épaule, il suffit de couper au cutter un bout de cheville et de l'insérer sur la vis. En la vissant ou en la dévissant, cette cheville permettra de régler la tension nécessaire entre les pièces.

LE CAS D'ALCOR ET D'ACTARUS

Au contraire de Capitaine Flam, les bras d'Alcor et d'Actarus peuvent se mouvoir grâce à un système de crémaillères cachées dans le torse[3]. Si je vous en parle ici, c'est parce que ces figurines sont basées sur le même corps. Mais si les caoutchoucs se désagrègent, le plastique des crémaillères est vraiment très solide, au point que le système fonctionne toujours, malgré les années. En exclusivité, voici ce que personne n'a osé faire avant le professeur Kelp : montrer l'intérieur des héros de *Goldorak* ! Sachez que, si par malheur, les crémaillères étaient cassées (c'est peu probable…), il est tout à fait possible de les mouler, après avoir pris une empreinte en silicone, et de fixer les nouvelles pièces en résine par une vis, comme nous venons de voir.

3. Mécanisme développé pour les *Super Jo* au USA.

Comparaison des articulations des épaules d'Actarus et de Capitaine Flam.

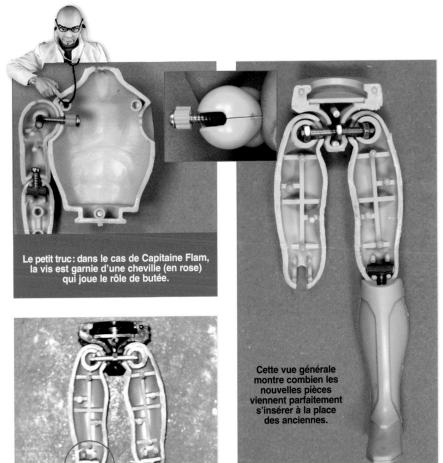

Le petit truc: dans le cas de Capitaine Flam, la vis est garnie d'une cheville (en rose) qui joue le rôle de butée.

Cette vue générale montre combien les nouvelles pièces viennent parfaitement s'insérer à la place des anciennes.

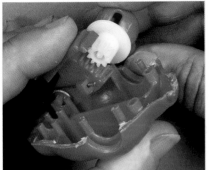

Alcor et Actarus sont dotés de crémaillères en plastique très solides. Peu de chance pour que ça casse !

La baguette de bois est ici remplacée par un tube de laiton, procurant aux articulations plus de robustesse.

GÉNÉRATEUR D'ÉNERGIE

2ᵉ partie : le moulage des mains

Si les années qui passent ont raison des articulations en caoutchouc, il en est malheureusement de même avec les mains qui sont moulées de manière à les rendre souples. Aujourd'hui les matériaux modernes permettent ce genre de procédé sans que l'on ait trop à craindre d'abîmer la pièce. À l'époque, le fabricant n'avait certainement pas prévu que son caoutchouc s'effriterait avec le temps... contrairement au matériau employé pour les mains de Capitaine Flam, plus solide. Ces dernières étant les mêmes en termes de dimensions et de sculpture, nous les prendrons donc comme pièces à mouler. Cette deuxième partie est conçue comme un roman photo, vu le nombre de choses que votre cher professeur Kelp doit vous montrer et expliquer !

Alors place aux images et aux légendes explicatives.

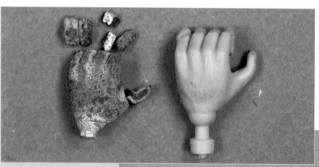

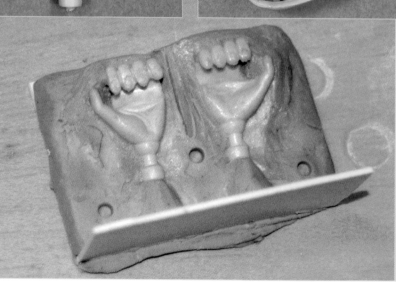

Cette photographie permet de voir combien le caoutchouc de la main d'Actarus se désagrège. Bien sûr, il est possible de recoller les doigts, mais la fragilité est telle que toute manipulation supplémentaire de la main risque de la détruire un peu plus.

En raison des très grandes similitudes entre les mains d'Actarus/Alcor et celles de Capitaine Flam, ce dernier va fournir les pièces nécessaires afin de réaliser les moulages adéquats.

Les mains de Flam sont calées dans un berceau en pâte à modeler autour duquel on construit un mur en plastique. Il faut veiller à leur bonne position ; le mieux est de suivre les lignes de moulages originelles. Les marques rondes sont des clés de centrage, réalisées à l'aide d'un manche de pinceau.

Préparation de l'élastomère qui va servir à la fabrication du moule souple. Il faut peser le matériau à l'aide d'une balance de précision. Il est indispensable d'homogénéiser la matière dans son contenant d'origine !

Ajout du catalyseur en fonction de la quantité de matière. Le pourcentage est indiqué sur la boîte. Le mieux est de travailler avec un goutte à goutte, sachant qu'une goutte est plus ou moins égale à 0,05 gramme.

Pour mieux contrôler le mélange, il est recommandé d'inclure un colorant, comme quelques gouttes de peinture.

Le mélange s'effectue à l'aide d'une baguette solide car le produit est très visqueux.

Quand la peinture témoin colore entièrement le mélange, cela signifie que le produit est homogène et que tous ces composants se sont bien mêlés.

Il est temps de couler l'élastomère dans le moule contenant les mains. Ces dernières ont été recouvertes de vaseline pour empêcher toute adhérence. La baguette de mélange sert également à répartir le produit.

Le petit truc : se servir d'un jet d'air comprimé pour éliminer les bulles d'air du mélange ! Ici c'est un aérographe, mais on peut également se servir d'un aérosol de dépoussiérage de clavier informatique !

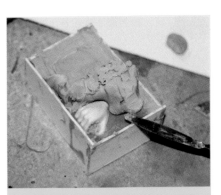

Quand la première couche d'élastomère est vulcanisée (prise en masse, au bout de 15 à 24 heures, voire plus), on retire le berceau de pâte à modeler, sans déplacer les mains prises dans le moule.

On applique une nouvelle fois de la vaseline qui permettra de démouler plus facilement les deux parties du moule.

27

On verse une nouvelle couche d'élastomère préparée selon la recette précédente. La quantité de colorant étant moindre, l'élastomère se retrouve coloré ici en bleu plus clair.

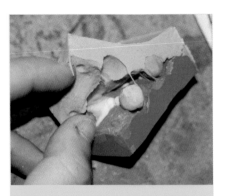

Ouf ! les deux parties du moule se séparent sans problème. Vous noterez la présence de deux « bouchons » de pâte à modeler qui ont servi à créer les cavités de coulée de la résine.

Avant de mélanger les deux composants de la résine polyuréthane, il est impératif d'homogénéiser les produits. L'extrémité de la baguette montre les résidus du fond de la boîte, avant homogénéisation.

Pour ne pas se tromper, il est recommandé de préparer deux gobelets marqués « A » et « B » pour chacun des produits, car cette résine se mélange à parties égales...

... puis, dans un verre doseur, versez les deux produits, 50% de « A », 50% de « B ». Mélangez rapidement avec une baguette.

Le petit truc : pour que la résine « diffuse » dans tout le moule, il est recommandé de préparer une petite quantité de résine que l'on verse à l'aide d'une baguette fine et que l'on « force » dans les recoins.

Le moule doit être refermé et maintenu par des élastiques. Le reste de la résine est également versé en s'aidant de la même baguette, jusqu'à ce qu'elle effleure les bords du moule.

On peut également tapoter le moule sur la table pour faire remonter les bulles. Attention aux éclaboussures !

Au bout de quelques minutes, la résine s'est solidifiée en créant une réaction exothermique (dégagement de chaleur). En écartant les deux parties du moule, on peut se rendre compte de la qualité du moulage.

Bien entendu, les nouvelles mains ainsi moulées en résine n'ont pas l'élasticité des originales. Primo, Alcor et Actarus sont des « vintage » et on ne s'amuse plus avec des objets de collection ! Et secundo, il existe bien des produits de coulée synthétique ayant l'aspect caoutchouteux (voir page 42), mais le prix de revient de cette restauration n'est évidemment pas le même, puisque la résine utilisée ici est disponible dans presque tous les magasins de fournitures d'art. Cette technique demeure néanmoins très efficace et, surtout, à la portée de tous.

Une fois les nouvelles mains en résine démoulées, il est nécessaire de les débarrasser de l'agent de démoulage (la vaseline), par un nettoyage au liquide vaisselle - et à l'aide d'une brosse à dents - , et par un lavage à l'eau claire. Ce conseil vaut pour tous les moulages ultérieurs qui seront faits.

Pour ce qui est de la couleur, vous pouvez utiliser de la peinture pour maquette, appliquée au pinceau, mais sachez que la résine se colore à l'aide de colorants synthétiques, que l'on rajoute avant de mélanger les deux produits.

Les deux parties du moule ne sont séparées qu'une fois la résine a vraiment durci. Dans le cas contraire, des déformations sont à craindre, et il faut alors tout recommencer.

Et voilà ! Les nouvelles mains en résine sont prêtes, copies presque conformes des originales (il ne leurs manquent que l'élasticité). L'excès de résine qui forme une sorte de

dentelle tout autour des mains peut être débarrassé à l'aide d'un cutter ou d'une lame d'X-Acto, puis les contours affinés à la lime et au papier abrasif fin.

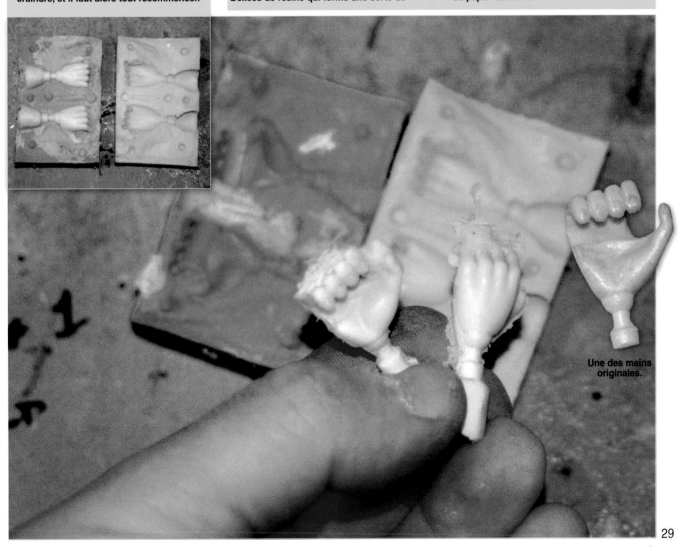

Une des mains originales.

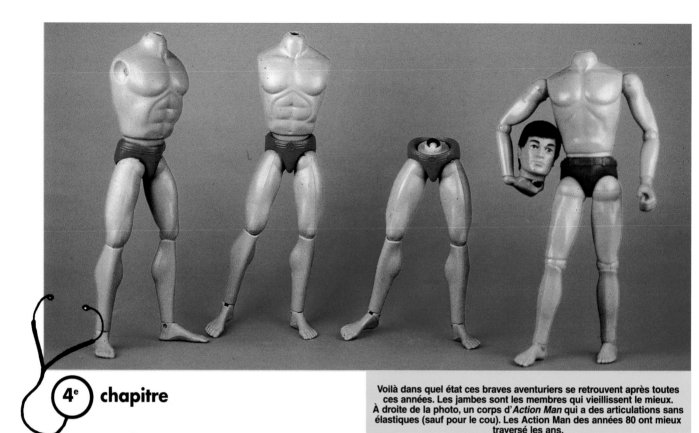

Voilà dans quel état ces braves aventuriers se retrouvent après toutes ces années. Les jambes sont les membres qui vieillissent le mieux. À droite de la photo, un corps d'*Action Man* qui a des articulations sans élastiques (sauf pour le cou). Les Action Man des années 80 ont mieux traversé les ans.

« Action ! Joe !»

1ᵉʳᵉ partie : les articulations de remplacement

Ce personnage est porté dans le cœur de beaucoup d'entre nous car il représente notre enfance disparue... Snif ! Et re-snif s'il a perdu l'usage de ses membres à cause des élastiques rongés par le temps et les *gigotations* successives d'une adolescence qui se met en branle... Les attaches de ce type de figurines sont très particulières et spécifiques, et ne sont par conséquent pas aussi simples que sur les poupées *Mego*. Il existe plusieurs types de corps, le plus répandu en France étant le « Muscle Body » qui fut commercialisé entre 1974 et 1982.

JOINDRE LES DEUX BOUTS

Les élastiques sont en caoutchouc moulé, véritables pièces de puzzle qui se fragilisent avec le temps. La restauration passe par le remplacement des pièces d'origine, que l'on peut soit se procurer sur divers sites américains spécialisés[1], soit grâce à la fabrication artisanale selon les méthodes que je vais vous livrer.

30

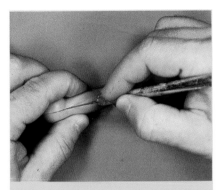

On pratique d'abord une incision à l'aide d'un cutter ou d'un X-Acto, en suivant la ligne d'assemblage. Repasser la lame dans le sillon si nécessaire. Attention aux doigts !

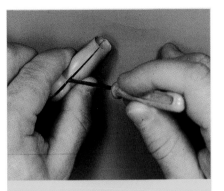

Un petit tournevis sert à écarter suffisamment les deux coques (ici le bras) pour introduire ultérieurement un autre outil, plus large.

Un tournevis plus large permet de séparer plus facilement les deux coques, en évitant d'abîmer le plastique.

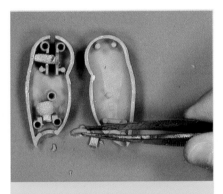

On remarque que les articulations en caoutchouc sont en piteux état. Des morceaux se promènent partout. Ces pièces sont donc à prendre avec des « pincettes » !

Les pièces en plastique translucides sont les articulations des coudes et des épaules. À droite, les rivets des poignets, et en bas, l'élastique de la tête. Au centre l'attache du cou.

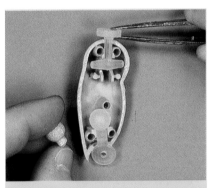

Quand on a bien en tête la disposition des articulations anciennes (en bas, à gauche), on les remplace par des nouvelles, fabriquées en nylon.

Un peu de leçon

Ce personnage est fabriqué à partir de coques en plastique assemblées et collées. Pour avoir accès aux organes internes, il est donc nécessaire de séparer les coques au niveau des jointures, ce qui, en langage populaire revient à se taper une « ligne de joint ».

Ces deux appellations, bien que très similaires, consistent, pour la première, à séparer deux pièces préassemblées, et pour la seconde, à se séparer de son esprit... Autant dire que l'exercice est difficile car cet assemblage est effectué en usine, et qu'aucune figurine ne réagit, bien évidemment, de la même façon.

Précautions

Ici encore, ouvrir un membre d'*Action Joe* est moins facile qu'il n'y parait. Je vous invite donc à la prudence dans l'usage du cutter ou l'X-Acto. Si cela est possible, travaillez à la verticale, et placez vos doigts au-dessus de l'outil pour éviter de vous couper au cas où l'instrument glisserait.

Opération ouverture

Tout d'abord, il faut pratiquer une incision le long de la ligne à l'aide d'un cutter à lame neuve ou d'un outil nommé X-Acto qui ressemble à un bistouri (vous voyez l'opération, quoi...). Une fois l'incision faite (en passant et repassant la lame au même endroit), le plastique doit donner des signes de faiblesse à la jointure par deux phénomènes :

1 - Apparition d'un léger bourrelet de part et d'autre de l'incision,

2 - Apparition d'une zone fragilisée qui laisse entrevoir la possibilité de glisser un instrument pour séparer les coques.

1. Pièces disponibles sur le site américain *www.elitebrigade.com*

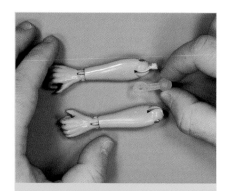

Si les articulations des mains sont encore en bon état, il n'en est pas de même des « coudes » complètement effrités. Voici les pièces de remplacement. Notez la disposition.

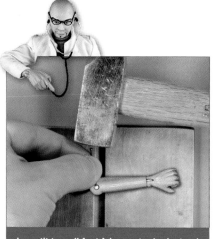

Le petit truc : il faut faire sauter le rivet qui maintient l'articulation en se servant d'un marteau et d'un emporte-pièce (ou d'un clou), en s'appuyant sur une surface dure.

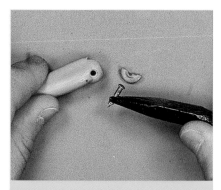

Le rivet en métal est retiré à l'aide d'une pince pour plus de facilité. On note la présence de ce qu'il reste de l'articulation en caoutchouc qui était resté coincé dans le bras.

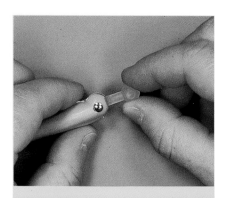

L'articulation désagrégée et le rivet sont remplacés par les nouvelles pièces.

Le rivet est serti à l'aide d'un marteau et d'une tige qui écarte l'intérieur du rivet pour qu'il ne bouge plus. Bien entendu, il faut travailler sur une surface solide.

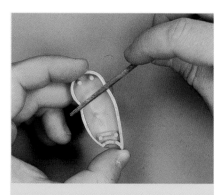

Les quelques aspérités se trouvant sur les bords sont éliminées à l'aide d'une lime ou de papier abrasif.

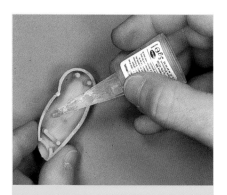

Une fois les bords propres et dépoussiérés, on encolle la coque du bras qui a été mise de côté à l'aide d'une colle de type *Superglue*…

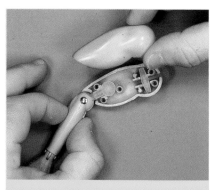

… et on la place au-dessus de la coque garnie des articulations. Il faut agir avec précaution car les éléments sont en équilibre précaire. Le bras est terminé !

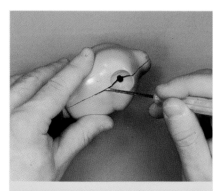

On passe à l'étape suivante, celle concernant le torse. Le petit tournevis permet, une fois de plus, d'écarter les deux coques.

Les pièces d'articulations de rechange ne sont pas tout à fait aux dimensions originales ; aussi, il est nécessaire de « désépaissir » le plastique à l'aide d'une meule (ou du cutter).

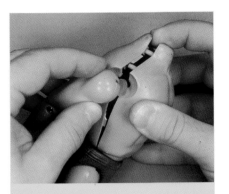

En replaçant la deuxième coque, il faut faire attention aux picots de centrage, tout en insérant la nouvelle rotule à sa place.

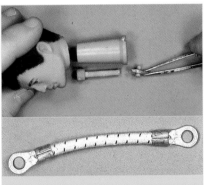

L'articulation de la tête est composée de deux éléments : une pièce en plastique de forme tronconique et une attache en caoutchouc qui maintient la tête sur les épaules.

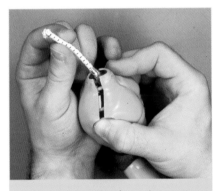

La solution consiste à remplacer cette pièce par un cordon élastique sur lequel est sertie une rondelle de métal du même genre que celle trouvée en électricité.

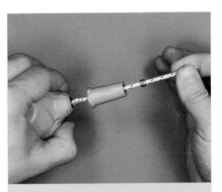

Cette rondelle est fixée entre les picots du cou. Ensuite, un morceau de tube en laiton est glissé sur l'élastique tendu.

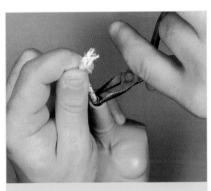

Ce morceau de tube est ensuite écrasé à l'aide d'une pince, en tenant l'élastique tendu. La tête sera ainsi maintenue correctement.

C'est alors qu'entre en jeu le tournevis. Il se peut également que le collage en usine ne soit pas aussi solide qu'il en a l'air et que les demi-coques se séparent facilement d'elles-même. Quoi qu'il en soit, l'introduction d'un tournevis fin permet d'amorcer la séparation des demi-coques. En fait, la lame de cutter va passer immanquablement au travers du plan de joint, et venir buter sur les picots de centrage situés à l'intérieur des pièces. La séparation deviendra effective en introduisant un second tournevis, plus gros cette fois-ci.

Il y a de l'ergot dans l'air

L'on s'apercevra alors (notez la syntaxe !) que les demi-coques sont pourvues de petits ergots (ou picots de centrage) qui facilitent l'assemblage. Il est impossible de prévoir si l'intervention les cassera ou non, rendant délicat le travail de remontage.

Cas particuliers

Poignets et chevilles comportent chacun un rivet que l'on peut faire sauter à l'aide d'un poinçon et d'un marteau. Attention au mauvais coup qui risque de casser le plastique fragile, car je doute qu'après vous soyez gai comme un « poinçon » ! Le mieux est de faire un trou d'environ 8 mm dans une planchette pour que le rivet puisse s'échapper.

Remplacement et finitions

Une fois les attaches en place, les demi-coques sont réunies entre elles par le biais des picots de centrage, et encollées à l'aide, de préférence, de *Superglue*. Comme je l'ai précisé plus haut, les bourrelets de plastique qui se sont formés sous la lame de cutter peuvent être éliminés par un ponçage local à l'aide de papier abrasif ou en grattant avec la lame du cutter.

33

2e partie : alternative à la restauration du cou

LA TÊTE SUR LES ÉPAULES

Je vais dès à présent vous indiquer une autre méthode de fixation du cou, tout aussi valable que la précédente, pour les corps de 1975 et 1979, en utilisant un cordon élastique presque similaire, puisque les articulations de ce type de corps répondent à un tout autre mode d'assemblage.

Pour cela, il faut retirer l'appendice en plastique de forme tronconique qui reste dans la tête une fois le vieil élastique cassé. Ce dernier est une pièce spéciale moulée, soit en opaque pour les corps *Adventure Team/Action Joe* de 75, soit en translucide pour les corps *Action Man* de 79, et dont les détails peuvent également varier d'une pièce à l'autre. Il faut s'aider de deux tournevis fins et faire lever aux extrémités, et faire très attention à ne point abîmer la base de la tête.

Ensuite, on glisse par le cou une extrémité de l'élastique dans le corps d'*Action Man*, et on la récupère à l'aide d'un crochet improvisé avec du fil de fer ou un trombone de bureau. Ainsi, on fait une boucle sous les picots d'assemblage qui obstruent en partie l'ouverture du cou. Les deux brins de l'élastique qui ressortent sont passés à travers la pièce tronconique mise de côté.

Cette pièce de forme spéciale est très fragile, aussi il vaut mieux la recouvrir d'une rondelle métallique qui va servir de frein (ou de butoir) lorsque les brins seront sertis.

À cet effet, on utilise un morceau de tube de laiton qui, une fois écrasé à l'aide d'une pince, retiendra l'élastique sous tension et viendra butter sur la rondelle.

Simple et efficace !

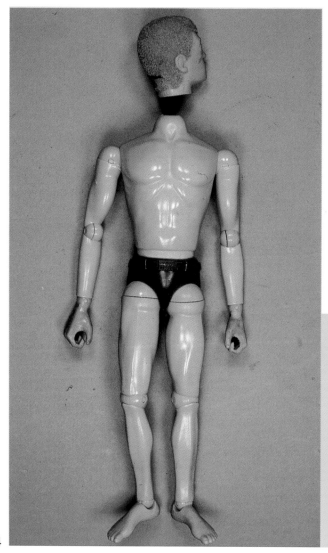

Un *Action Man* datant de 1979 attend d'être restauré. La tête est séparée du corps car l'élastique est absent. Notez les articulations particulières à ce type de corps, notamment au niveau du haut des cuisses qui permettent de faire pivoter les jambes.

À droite, notre ami Sam le pilote restauré pour la plus grande joie des collectionneurs.

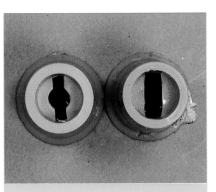

Voici deux types de pièces tronconiques. Les détails diffèrent l'une de l'autre, mais la fonction reste la même : retenir la tête sur le corps du personnage.

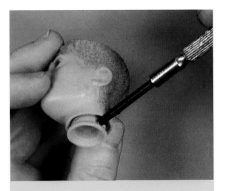

La pièce tronconique est retirée délicatement de la tête à l'aide d'un tournevis, en veillant à ne pas abîmer le plastique.

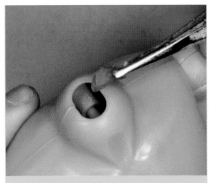

On retire également le vieil élastique au moyen d'une pince à épiler.

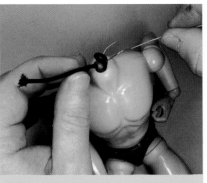

Le nouvel élastique passe sous le picot de centrage. Il est ensuite récupéré par un crochet improvisé à partir d'une tige de métal recourbée (provenant d'un trombone).

Les deux extrémités de l'élastique sont ensuite rassemblées.

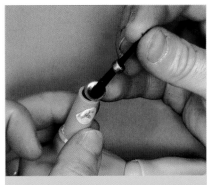

Elles passent à travers la pièce tronconique, la rondelle de métal et le morceau de tube de sertissage.

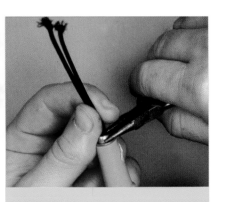

Ce tube est ensuite écrasé sur les deux brins élastiques.

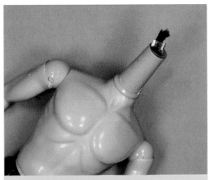

L'excès de matière est coupé à l'aide d'une bonne paire de ciseaux.

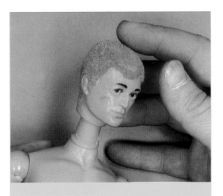

Voilà ! Il ne reste plus qu'à emboîter la tête sur la pièce tronconique.

3ᵉ partie : les articulations artisanales « made by Kelp » !

Nous allons voir dès à présent comment se confectionner de nouvelles attaches à l'aide d'un matériau révolutionnaire.

MISE EN JAMBE

Commençons par séparer les coques à l'aide d'un cutter ou d'un X-Acto. Ce travail de séparation s'arrête ici car seule la cuisse est constituée ainsi ; le tibia est en effet moulé en un seul morceau, malgré la présence d'une ligne de joint. Ainsi, un seul et unique élastique caoutchouc, moulé spécifiquement, sert à la fois de genou et de cheville. En revanche, la jambe entière est fixée au bassin par une autre pièce en caoutchouc extrêmement solide. C'est pourquoi, il est quasiment improbable que les jambes de ce personnage se cassent. Si cela était le cas, voici une méthode de réparation.

UTILE PLAST

À défaut de pièces de rechange, nous allons utiliser un matériau que l'on trouve partout dans les magasins spécialisés et les rayons brico-lage. Celui dont il est question ici est de la marque *GPI* et se nomme *Utile Plast*. Il est disponible sous plusieurs couleurs et sous deux formes, granulés et plaquettes. Ces dernières sont plus facile d'utilisation car on visualise plus vite la quantité de produit nécessaire.

Ce matériau est assez exceptionnel car il devient mou et maléable lorsqu'il est soumis à la chaleur. C'est donc une sorte de plastique à « modeler » qui sert à tout et à n'importe quoi. Ses autres avantages sont qu'il est pratiquement incassable et qu'il est réutilisable à souhait car il redevient mou dès qu'on le soumet à nouveau à la chaleur.

EN PRATIQUE

La plaquette d'*Utile Plast* peut être découpée en petits morceaux à l'aide d'une paire de ciseaux ou d'un cutter. Pour ramollir ce plastique, il est plus facile de le plonger dans une casserole d'eau frémissante. Vous verrez alors qu'il change d'aspect pour devenir translucide et mou. Cet aspect est beaucoup plus visible avec de l'*Utile Plast* blanc, et c'est à ce moment qu'il faut le retirer de l'eau, à l'aide de pincettes car il est bon pour l'emploi. Il n'y a presque pas de risque de se brûler en le touchant car il ne garde pas suffisamment de chaleur. Mais attention : sa consistance de chewing-gum disparaît assez rapidement ; aussi, les manipulations doivent être rapides et sûres même si, en toute logique, vous avez droit à l'erreur.

PRÉCAUTIONS

La mise en pratique d'*UtilePlast* est facile, mais il faut faire très attention lorsque vous le sortez de l'eau chaude. Pour cela, il faut utiliser des pincettes du genre pinces à cornichons ! Une fois hors de l'eau, le plastique perd rapidement de sa chaleur et vous pouvez donc le manipuler sans risque. Il faut donc agir vite.

NOUVELLES ATTACHES

Nous avons précédemment utilisé des attaches en plastique provenant des USA. Et il est vrai qu'en pratique, il est plus facile de prendre exemple sur de telles pièces de rechange qui donnent les proportions à respecter, car les anciennes sont en trop

Utile Plast de la société *GPI* se présente sous forme de granulés et de plaques de différentes couleurs.

Un morceau de plaque blanche est soumis à la chaleur : le plastique devient transparent quand il est prêt à l'usage !

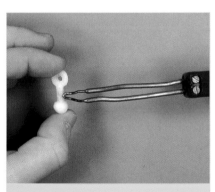

Pour la finition, on peut utiliser la chaleur d'un fer à souder qui va lisser les surfaces. Attention de ne point toucher le plastique qui risque de fondre !

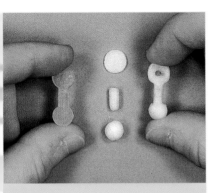

Pour fabriquer de nouvelles pièces de rechanges personnelles, rien de tel que de les réaliser en petites sections qui seront par la suite assemblées.

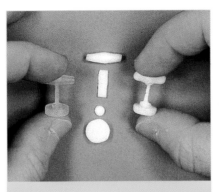

Le temps de manipulation est relativement court et, passé quelques (longues) secondes, le plastique synthétique redevient blanc, signifiant qu'il n'est plus modelable.

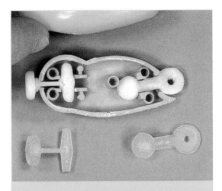

En bas à gauche et à droite on peut voir les pièces vendues aux USA, et en haut, les pièces réalisées par le professeur Kelp à l'aide de *Utile Plast*.

mauvais état pour cela. Donc, une fois familiarisé avec ce plastique particulier, il vous suffit de « composer » les nouvelles attaches « pièce par pièce ».

Chaque extrémité est ensuite plongée dans l'eau frémissante de manière à ramollir le plastique sur de faibles surfaces et faire en sorte qu'il se soude sur lui-même. On le voit, il n'y a pas, ici, besoin de colle et l'assemblage est extrêmement solide. Pour parfaire le résultat, on peut même utiliser un fer à souder que l'on passe délicatement au-dessus des surfaces, sans toucher le plastique pour ne pas le brûler. Le plastique est ainsi ramolli et se lisse de lui-même.

Bien entendu, ce matériau n'est pas élastique, et les pièces se doivent donc d'être extrêmement précises quant aux dimensions.

CONTRAINTE ET SUBSTITUT

Ce matériau, s'il est facile d'emploi, a tout de même ses limites. Il ne peut, par exemple, se tordre ni se plier comme le ferait un caoutchouc; le pied d'*Action Joe* ne peut donc pivoter avec la même amplitude. Dans ce cas, une solution consiste à utiliser une corde élastique du même type que celle qui soutient la tête. *Utile Plast* peut alors être utilisé comme « cale » venant en surépaisseur sur les pattes en métal, empêchant tout flottement dans les articulations.

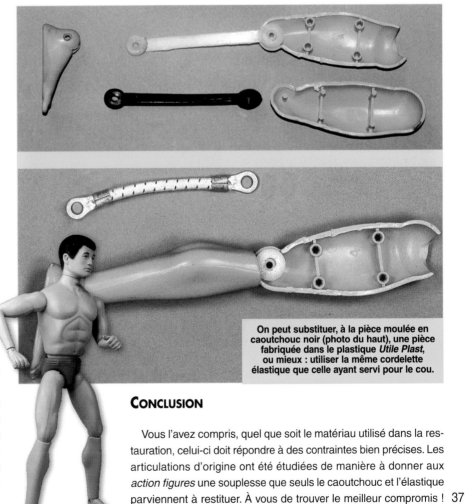

On peut substituer, à la pièce moulée en caoutchouc noir (photo du haut), une pièce fabriquée dans le plastique *Utile Plast*, ou mieux : utiliser la même cordelette élastique que celle ayant servi pour le cou.

CONCLUSION

Vous l'avez compris, quel que soit le matériau utilisé dans la restauration, celui-ci doit répondre à des contraintes bien précises. Les articulations d'origine ont été étudiées de manière à donner aux *action figures* une souplesse que seuls le caoutchouc et l'élastique parviennent à restituer. À vous de trouver le meilleur compromis ! 37

Voyons dès à présent la restauration des mains en plastique souple, celles qui pouvaient agripper les nombreux accessoires, du fait de leur élasticité légendaire.

Particulièrement appréciées des collectionneurs d'*Action Joe*, les mains « élastiques » sont en grande partie à l'origine du succès de ce personnage. Si le corps d'athlète a résisté aux outrages du temps, les mains, quant à elles, se retrouvent malheureusement amputées de quelques doigts, voire de tous. Le fait qu'elles aient été moulées dans une matière tendre n'est pas étranger à cette dégradation, de par la nature du plastique de l'époque, et de l'usage intense qu'il en était fait.

Nous allons voir dans cette partie comment nous pouvons remédier à ce handicap.

LE NETTOYAGE DES MAINS

Il n'est point rare de voir des *Action Joe* aux mains sales ! Leur nature caoutchouteuse fait que la saleté s'y incruste plus que partout ailleurs. Avant de recourir à des produits chi-miques, il est plus sage de tenter l'expérience avec un simple savon appliqué à l'aide d'un bâtonnet ouaté imprégné d'eau tiède. Vous allez voir que la saleté se retire assez facilement, sans forcer, action renforcée par un nettoyage à l'aide de papier toilette - pour sa douceur - en veillant toutefois à ne pas trop appuyer sur les doigts cassant comme, heu… du verre ! Le rinçage peut se faire sous l'eau courante, mais du papier humidifié fait également l'affaire.

LA CHIRURGIE DES DOIGTS

Posséder un *Action Joe* ayant tous ses doigts et aucune calvitie est rare. Mais il est tout à fait possible de jouer les chirurgiens, en recollant les doigts épars. Pour cela il faut, bien entendu, avoir gardé précautionneusement les membres. Si vous avez acquis votre personnage favori dans une brocante, il y a fort à parier que les mains soient abîmées. À moins de tomber sur une pièce exceptionnelle comme c'est le cas ici, où seul un doigt ne tient qu'à un « fil ».

C'est souvent l'index qui est le plus touché car c'est le doigt le plus sollicité pour tenir la gâchette des armes à feu. Malheureusement, au cours de cette restauration, lui et deux autres doigts se sont cassés pendant la phase de nettoyage… Dans un cas comme dans l'autre, les doigts peuvent être fixés à

PRÉCAUTIONS
Les doigts en plastique souple sont extrêmement fragiles. Ils tomberaient presque en les regardant ! Je vous invite donc à les manipuler avec soin.

Voici des mains de *GI Joe* et d'*Action Man* d'avant 1975. Il existe des répliques (*elitebrigade.com*), mais ce ne sont pas des mains compatibles avec les *Action Joe*.

Voici un cas hélas trop fréquent chez nos braves soldats : l'index ne demande qu'à tomber à force d'avoir abusé de la gâchette depuis trente ans.

Le nettoyage est une phase essentielle de toute bonne restauration. Ici, avec du savon et des bâtonnets ouatés.

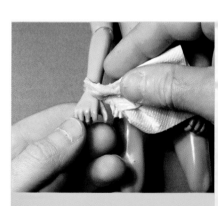

La saleté se retire très bien à l'aide de papier toilette humidifié. Attention aux doigts FRAGILES !

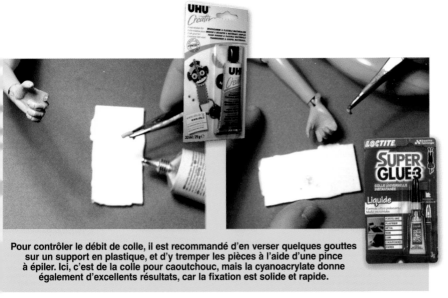

Pour contrôler le débit de colle, il est recommandé d'en verser quelques gouttes sur un support en plastique, et d'y tremper les pièces à l'aide d'une pince à épiler. Ici, c'est de la colle pour caoutchouc, mais la cyanoacrylate donne également d'excellents résultats, car la fixation est solide et rapide.

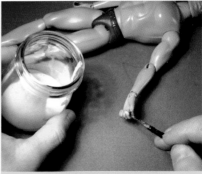

Le collage des doigts est renforcé par une étape facultative mais qui a son importance : le « gant » de latex. Appliqué au pinceau en couches fines, le latex prévient tout risque de dégradation ultérieure.

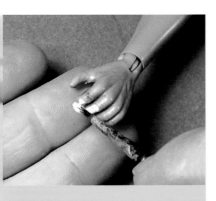

Il faut travailler rapidement car le latex sèche extrêmement rapidement.

Toute la main doit être recouverte par une, voire deux couches de latex.

Le latex encore frais est visible dans le creux des doigts : il est blanc.

Après séchage - au bout de quelques minutes - le latex se transforme en une pellicule translucide.

La séance de maquillage peut alors débuter par l'emploi de poudres de couleurs adéquates.

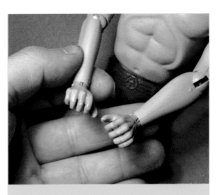

La différence se remarque bien : la brillance du latex est estompée sur la main gauche.

l'aide d'une colle pour caoutchouc qui permet, en théorie, à la matière de conserver sa faculté initiale : la souplesse. Pour cela, il faut déposer une toute petite goutte d'adhésif sur les deux parties à coller, et positionner le(s) doigt(s) délicatement, et laisser sécher. Mais votre cher professeur avoue avoir obtenu un très bon résultat avec de la simple colle cyanoacrylate (de la *Superglue*), qui assemble rapidement les pièces.

Mais que les choses soient claires : les mains regarnies de leurs doigts sont DÉFINITIVEMENT condamnées à l'inactivité. Elles n'auront plus la souplesse d'antan car les points d'articulations demeureront fragiles ; la matière « vieillissante » étant elle aussi responsable de cette limitation. Voilà qui est dit. Aussi, il faut également faire très attention au moment de rhabiller le personnage ; je préconise de le faire AVANT d'entreprendre cette restauration, pour éviter de devoir tout recommencer, ou d'abîmer encore plus votre petit protégé. Voilà qui est redit.

COMME UN GANT !

Bien entendu, le collage précédent est suffisant pour obtenir un résultat satisfaisant. Mais c'est sans compter sur le fait que les doigts peuvent se désagréger complètement… Que faire en pareil cas ? L'opération du collage demeure délicate, et il faut redoubler d'effort et de patience pour arriver à (presque) tout remettre en place, sans casser les doigts qui tiennent encore.

Pour consolider cet assemblage à la durée de vie très limitée et au résultat mitigé, votre cher professeur préconise une « parade » tout à fait originale : le latex. En recouvrant de latex les mains ainsi restaurées (latex que nous allons voir à nouveau dans l'épisode consacré aux bras de *Super Jaimie*, page 58), il va se créer une sorte de gant invisible et souple, qui emprisonne les doigts meurtris. Ainsi, le collage est renforcé, et la main retrouve un semblant d'intégrité. L'application peut se faire au pinceau, mais il faut travailler vite car le latex sèche très vite. Pour l'exercice ci-présent, je me suis arrêté à la limite des articulations des doigts, mais l'expérience m'a appris qu'il vaut mieux recouvrir toute la main, d'une, voire deux couches. Celles-ci sont si fines qu'elles ne risquent en rien de noyer les détails (ongles et autres sillons de la sculpture). Dans ce cas, il est envisageable de tremper complètement la main dans un bain de latex, et l'égoutter de manière à éliminer le surplux de matière. Quand le latex commence à devenir translucide, la main est prête pour un deuxième bain. Pendant le séchage, il est judicieux de diriger les mains vers le haut de façon à éviter que le latex ne s'accumule au bout des doigts et ne créé des « gouttes » disgracieuses.

MAQUILLAGE

La restauration peut aller plus loin, car la brillance qui donne un effet « plastique » peut être atténuée par un léger maquillage à base de poudre de pastel, ou de vrais produits cosmétiques !

La méthodologie est identique à celle que nous allons voir ultérieurement avec la restauration des bras bioniques, à savoir l'application au pinceau d'une fine couche de poudre qui va harmoniser la chirurgie réparatrice avec le reste de l'objet.

CONCLUSION

N'oubliez pas une seconde, quitte à me répéter, que la technique développée ici n'a pour autre but que de conserver le plus longtemps possible vos propres objets de collection, avec leurs attributs d'origines. Ces restaurations ne sont pas destinées à permettre une quelconque plus-value sur la revente des « vintage »…

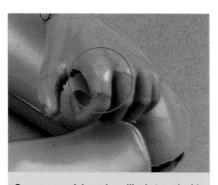

On remarque ici que la pellicule translucide de latex a tendance à se décoller. On peut la recoller avec du latex, ou mieux : en recouvrir la main intégralement.

Le personnage d'origine était fourni avec une sorte de manchon en plastique permettant de protéger les mains pendant les séances d'habillage !

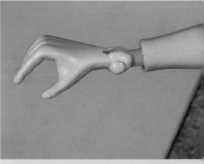

Autre cas : voici une main de remplacement de type années 60 pour les vieux GI Joe/Action Man. Voyez comment le remplacement se fait, et combien les différences avec les pièces d'origine sont claires.

Joe peut rester « zen » ! Ses mains ont
entièrement été recouvertes de latex,
créant une sorte de gant de protection.

5ᵉ partie : des mains en résine souple

Nous allons voir maintenant comment réaliser le moulage de pièces à l'aide de matériaux souples, histoire de reproduire au plus près l'aspect originel des mains qui ont fait le succès des action figures « vintage ».

Outre les résines de coulée que l'on trouve habituellement sur le marché - de types polyuréthanes et polyesters, sans parler des résines époxy - les industriels nous proposent également des résines dites « uréthanes » ou « uréols » souples, réservées à des usages particuliers et le plus souvent utilisées dans le milieu des effets spéciaux. Ces résines servent à confectionner, par exemple, des sortes de « peaux » synthétiques qui recouvrent des mécanismes, comme sur des marionnettes et autres animatroniques. D'autres artisans les utilisent également pour réaliser des pièces tels que gants, bottes, chaussures, etc., qui viennent habiller des action figures de confection artisanale. Leur emploi est plus délicat car il fait appel à des dosages résine/catalyseur plus sensibles aux proportions de chacun. Mais elles partent avec un net avantage par rapport aux résines dures classiques : elles sont translucides, et par conséquent facilement colorables.

UNE MISE EN PRATIQUE DÉLICATE

Il est inutile de confectionner de nouveaux moules, puisque ceux en silicone RTV (voir chapitre 3, page 26, tout en rappelant que RTV est l'acronyme de Room Temperature Vulcanisation, soit vulcanisation à température ambiante) sont parfaitement utilisables pour les besoins de cette démonstration. À moins, bien sûr, que la restauration porte sur un nouveau sujet, et dans ce cas, il vous faudra réitérer les mêmes gestes pour obtenir de nouvelles empreintes, et c'est ce que j'ai fait avec cette main provenant d'un *GI Joe* version 1975. Aussi, passons sans plus attendre aux dosages des différents ingrédients.

Pour ce faire, nous allons verser la résine et son catalyseur dans de simples gobelets doseurs en plastique, que l'on trouve dans les magasins spécialisés (une balance de laboratoire - dont les graduations sont en milligrammes - coûte excessivement cher pour le peu de fois que l'on aura à l'utiliser). Nous l'avons vu précédemment, les quantités pour obtenir une paire de mains sont infimes, aussi quelques gouttes de chacun des produits suffisent pour créer la matière nécessaire.

Comme annoncé plus haut, la résine uréthane est translucide et doit par conséquent être teintée à l'aide de colorants universels. Pour obtenir la teinte se rapprochant le plus de celle d'origine, on doit passer par des mélanges de colorants - généralement des ombres de sienne, Terre brûlée, rouge, jaune et noir - dosés avec plus ou moins de « feeling » ! Le mieux est encore d'utiliser des goutte-à-goutte ou des « touillettes » à café qui économisent la matière et font gagner un temps précieux dans les recherches des pourcentages.

Voici un petit truc : il est conseillé, pour obtenir la teinte voulue, de mélanger d'abord les colorants avec la bonne dose de catalyseur (celle calculée pour une quantité de résine déterminée), afin de ne pas fausser les résultats (le rajout de colorant augmente le poids, mais la quantité de résine demeure la même).

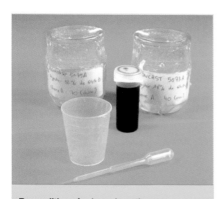

Reconditionnés dans de petits pots en verre pour une meilleure manipulation, résine et catalyseur attendent d'être mélangés à parts égales dans un gobelet doseur miniature.

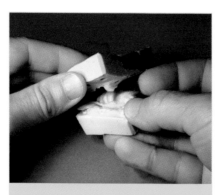

Une fois la résine colorée et catalysée, elle est appliquée sous forme d'un gros « pâté », puis écrasée dans le moule pour y être répartie.

Il faut veiller à ne pas déformer le moule, en maintenant ses deux parties par des élastiques. L'excès de résine va s'échapper de part et d'autre du moule.

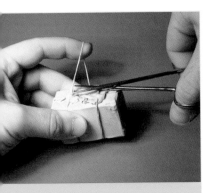

Ce n'est qu'après quelques heures que l'on peut entreprendre le démoulage, qui consiste d'abord à couper les élastiques pris dans la résine.

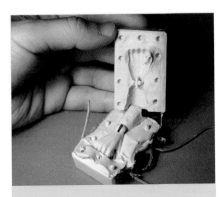

Il faut retirer une partie du moule précautionneusement. Comme on peut le voir, l'empreinte semble réussie.

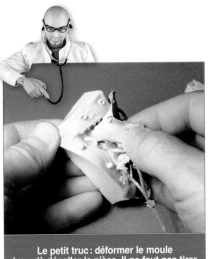

Le petit truc : déformer le moule jusqu'à décoller la pièce. Il ne faut pas tirer sur la matière qui risque de se distendre de manière irréversible.

Lorsque tout est correctement dosé, le catalyseur et son colorant doivent être mélangés à la résine jusqu'à homogénéisation complète de la préparation (ce qui se voit aisément car le colorant va faire prendre une teinte uniforme à la résine, comme nous l'avons vu dans le mélange du silicone dans lequel quelques gouttes de peinture faisaient le même office). Ici, pas question de « couler » la résine, comme précédemment, il faut la « forcer » dans les deux parties du moule du fait de sa consistance de « chewing-gum » mou. Il faut agir vite et refermer le moule immédiatement après, car la prise en masse se fait rapidement, et que la résine qui se polymérise ne vous permettra plus d'ajuster les deux parties du moule. La polymérisation complète de la résine intervient seulement quelques minutes après, mais il faut laisser « reposer » le moulage minimum trois heures.

Au bout de 12 heures, par sécurité, les nouvelles mains pourront être sorties du moule, en veillant toutefois à ce qu'elles ne soient pas déformées en tirant sur la matière élastique qui atteindra son « durcissement » maximum qu'après vingt-quatre heures, à l'air libre. Il existe une variante à cette technique en coulant, à la place de la résine uréol, un nouveau mélange de silicone RTV coloré convenablement (le temps de vulcanisation est bien évidemment conforme à l'emploi du RTV). Il faut pour cela bien graisser le moule à la vaseline si vous ne voulez pas que le nouveau silicone adhère au précédent. Le résultat est que les nouvelles mains sont très souples, mais bien plus que ne l'étaient les mains d'origine.

Quelle que puisse être la matière souple utilisée pour ce moulage, cette technique vous aura permis de reproduire des mains de remplacement possédant les caractéristiques que les publicités de l'époque exploitaient fort judicieusement, et qui furent pour beaucoup dans le succès des action figures dites « vintage ».

Ah ! Le professeur Kelp ferait des pieds et surtout des mains pour que le collectionneur puisse s'agripper à nouveau à ses rêves d'enfant !

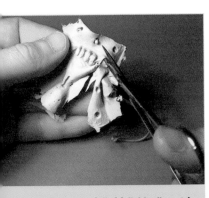

Le découpage est réalisé à l'aide d'une très bonne paire de ciseaux miniatures. Il faut procéder méthodiquement afin de ne point éliminer trop de matière.

À gauche la pièce originale, à droite la main reproduite. À part la couleur et les contours à peine plus irréguliers, la copie est presque identique !

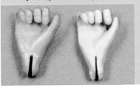

La nouvelle main est, certes, plus souple, mais possède les caractéristiques essentielles de la main d'origine : elle est préhensile, c'est-à-dire qu'elle a la possibilité de saisir !

43

Voici un sujet qui aura fait s'arracher les cheveux à bien nombre d'entre vous : la calvitie des action figures, et en particulier celle d'*Action Joe* original. La technique de restauration qui suit n'a d'autre but que d'atténuer l'usure du cuir chevelu synthétique qui, vous en conviendrez, donne un aspect un peu « miteux » à nos héros.

Avant d'entreprendre quoi que ce soit, il faut comprendre comment les fabricants s'y sont pris pour réaliser cette chevelure. Les cheveux si caractéristiques de Joe sont en réalité des brins synthétiques « floqués », c'est-à-dire répandus et collés sur le crâne. Mais ce n'est pas tout : le fait qu'ils soient presque tous implantés verticalement, presque de manière naturelle, donne un effet de coupe en « brosse » très militaire. Mais nous l'avons vu plusieurs fois déjà, ce qui est réalisé en usine ne trouve pas toujours une application artisanale efficiente ; l'on arrive alors aux limites de la restauration. Néanmoins, si votre cher professeur aborde le sujet, c'est qu'il possède quelques éléments de réponse pouvant satisfaire les collectionneurs désireux d'entreprendre une restauration qui peut donner une nouvelle vie à nos amis articulés.

LES BRINS-CHEVEUX

En tout premier lieu, il vous faut vous abstenir d'essayer de se procurer des fibres synthétiques ayant la même finesse et la même couleur que les originales, car vous n'y arriverez pas ! Mieux vaut lorgner du côté des accessoires ferroviaires qui offrent une grande palette de produits, dont des flocages qui servent à créer toutes sortes de décors champêtres. Il y a de fortes chances de trouver, si ce n'est la couleur, du moins la taille de fibres qui se rapproche le plus de celle garnissant le crâne de votre petit ami.

LE FLOCAGE

Je le dit tout de suite : il est plus facile de créer entièrement une chevelure que d'en restaurer une existante, car toute intervention,

surtout sur des surfaces telles que celles-ci, ne permet guère une grande liberté d'action (vous connaissez tous l'abîme qui sépare l'identique de l'a peu près…).

En effet, les paramètres sont si nombreux (taille des fibres, couleur, orientation, emplacement, niveau de tonsure, épaisseur de colle, etc., qu'il est bien difficile, voire impossible, de réaliser un raccord invisible. Mais selon le vieil adage qu'il faut toujours avoir à l'esprit : qui ne tente rien n'a rien !

PRÉPARATION DES SURFACES

En premier lieu, il faut nettoyer la tonsure en éliminant les vestiges de colle, et de créer ainsi une surface exempte de débris. Le scalpel (ou X-Acto) est ici très utile pour ce genre de travaux de grattage. Ça n'est qu'une fois le terrain préparé que la restauration proprement dite peut commencer. Vous aurez noté que le « cuir chevelu » (je ne parle pas du plastique ayant servi au moulage de la tête) est quasiment de la même couleur que les cheveux. En effet, cela permet d'opacifier la chevelure et de la rendre plus « drue » et plus profonde au regard. Aussi, nous pouvons utiliser soit de la colle blanche (qui devient translucide une fois sèche) ou bien de la peinture (préférez la glycéro à l'acrylique) d'une couleur proche de celle des fibres, déposée à l'aide d'un pinceau. Il faut agir vite, car la colle et la peinture sèchent rapidement. Dès la colle/peinture déposée, les fibres sont immédiatement floquées, c'est-à-dire dispersées par saupoudrage comme si vous ajoutiez du sel sur des aliments.

LE MAGNETISME DE KELP !

On passe sans plus attendre à l'étape suivante. Pour créer cet effet de « coupe en brosse », les fibres doivent être orientées verticalement, et c'est là qu'intervient le pouvoir magnétique du professeur Kelp qui, à l'aide d'une simple règle ou d'une tige de plastique, va faire en sorte que les fibres soient toutes attirées vers le haut !

Vous l'avez compris, la règle a été frottée au préalable avec de la laine, la chargeant ainsi en électricité statique qui agit sur les fibres comme un aimant. C'est pourquoi, les fibres floquées ne doivent pas être touchées, à cause du risque d'être écrasées et noyées dans la colle ; le magnétisme ne ferait alors plus son effet.

44

Cet *Action Joe* accuse les années de son propriétaire ! Et comme lui, il a tendance à se dégarnir…

Première étape : se débarraser des traces de colle en grattant à l'aide d'une lame, ici un X-Acto, afin d'obtenir une surface propre.

Le cheveux floqués de Joe attirent beaucoup la poussière ; celle-ci est éliminée par un brossage à l'aide d'une brosse à dents.

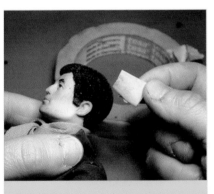

Les poussières peuvent également être éliminées en appliquant du ruban adhésif qui sert au masquage lors de la mise en peinture.

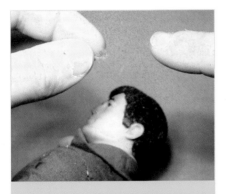

C'est fou la quantité de « moutons » que l'on peut retirer de cette « tignasse » !

Du simple floquage utilisé dans les décors ferroviaires peut remplacer les cheveux disparus, pourvu que les fibres soient proches des originales en terme de dimensions.

Pour coller les nouvelles fibres, on peut soit utiliser des la colle blanche, comme ici, soit de la peinture de la même couleur que les cheveux.

Une fois la colle répartie correctement sur toute la surface à traîter…

…le flocage ne doit pas attendre. Il faut saupoudrer les fibres bien au-dessus de la surface encollée.

45

Les nouvelles fibres se déposent avec « légèreté » sur la colle, et il ne faut surtout pas y toucher !

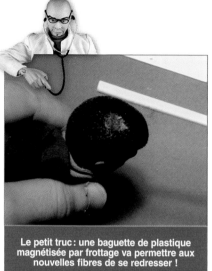

Le petit truc : une baguette de plastique magnétisée par frottage va permettre aux nouvelles fibres de se redresser !

Et en effet, les voici comme « implantées » de manière naturelle, c'est-à-dire dirigées vers le haut.

Sous cet éclairage, on voit que les nouvelles fibres demeurent dans la surface à traiter, qui ne fait que quelques millimètres carrés.

Une fois sec, une bonne paire de ciseaux fins sert à égaliser la taille des fibres.

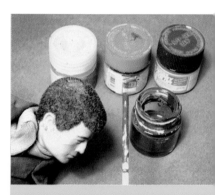

La mise en peinture peut commencer, en essayant de trouver la bonne couleur par mélange de différentes teintes (acryliques).

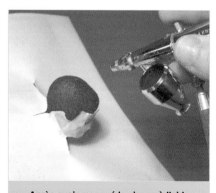

Après avoir masqué le visage à l'aide de ruban adhésif et protégé le corps par une « serviette » en papier, la peinture est appliquée à l'aérographe.

Délicatement, la peinture est vaporisée jusqu'à faire disparaître la couleur verte au profit de la couleur de l'ensemble de la chevelure.

La peinture à l'aérogaphe permet des subtilités et d'obtenir une coloration harmonieuse des fibres rajoutées.

Pour se rapprocher au plus près de l'apparence « synthétique » de la chevelure d'origine, un léger brossage à l'aide d'une peinture plus claire est essentiel.

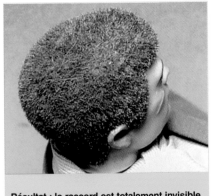

Résultat : le raccord est totalement invisible, même de très près !

La partie de la chevelure qui n'a pas subit de modification peut être comparée à la photo précédente sans problème !

ÉGALISER

Dans cette intervention, il y a le risque de voir les nouvelles fibres dépasser, ou au contraire se retrouver à un niveau légèrement plus bas que les fibres originales. Dans le cas premier, on peut tenter « d'écraser » légèrement le rajout à l'aide d'une brosse dont les poils sont assez espacés et souples, comme sur une brosse à dents, par exemple, objet qu'affectionne votre cher professeur. On peut également jouer de la paire de ciseaux miniatures afin, au contraire, d'égaliser les surfaces en coupant l'extrémité des fibres rajoutées. On peut, enfin, user des deux stratagèmes pour arriver au résultat souhaité.

LA PEINTURE

Oui, il est tout à fait possible de peindre les fibres synthétiques une fois collées sur le crâne, mais elles perdront de leur souplesse, nous n'y pouvons rien. Pour cela, il est nécessaire d'utiliser un aérographe qui sert à pulvériser un mélange de peintures acryliques dont la teinte se rapproche au plus près de celle des cheveux. Contentons-nous d'abord de teinter le rajout de flocage afin qu'il se « fonde » dans la masse des cheveux. Une fois sec, nous nous attellerons à faire ressortir l'aspect « synthétique » de cet implant en passant un pinceau brosse imbibé juste ce qu'il faut de peinture plus claire pour en accentuer le relief et harmoniser l'ensemble.

EN CONCLUSION

Il faut également se souvenir que nos héros chevelus portent pour certains la barbe. Cette technique « au poil », dévoilée par un professeur Kelp qui a la fibre sensible, est donc envisageable pour les baroudeurs barbus qui auraient un peu perdu de leur virilité avec les années (et cela ne s'adresse pas au Pr. Kelp…) !

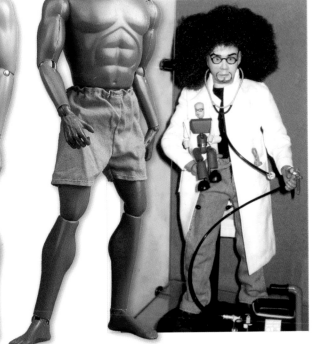

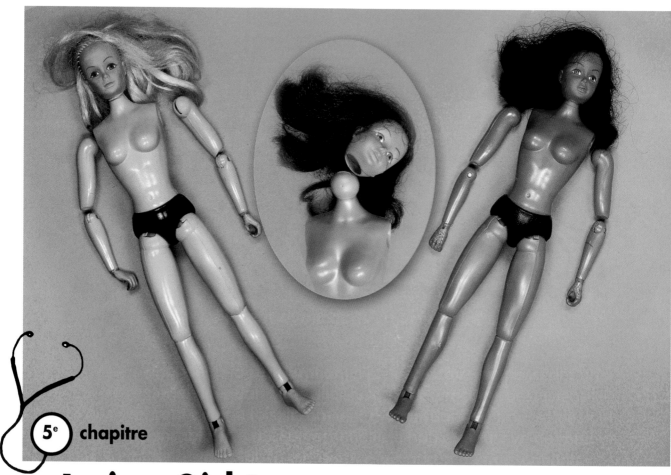

5ᵉ chapitre

« Action Girl ! »

1ᵉʳᵉ partie : les articulations de remplacement

Ne nous privons pas d'un rendez-vous galant avec le personnel féminin du très apprécié *Group Action Joe* !

Ces personnages (la blonde Jane commerciali-sée en 1976 et la brune Peggy) font partie d'une série qui, une fois n'est pas coutume, ne fut dis-ponible qu'en France[1], alors que les petits gar-çons américains et anglais en étaient réduits à se gigoter le bonhomme !

48

Le sang de Kelp n'a fait qu'un tour à l'idée de pou-voir - enfin ! - fricoter avec le corps féminin !

Cette *action girl* est d'une conception très simi-laire à celle d'*Action Joe*, et les articulations sont également soumises à l'épreuve du temps, ce qui fait qu'elles se désagrègent lamen-tablement au fil des années. Les mains ne sont pas non plus épargnées, et ne doivent leur salut (militaire, bien entendu !) qu'à la chance.

1. La blonde Jane devint rousse en Allemagne sous le nom de Super Sandy.

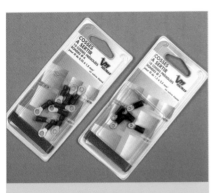

Les cosses à sertir existent en différentes dimensions. On les trouve dans le rayon électricité des grandes surfaces.

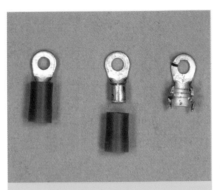

Les trois étapes dans la préparation d'une cosse utilisée pour nos besoins.

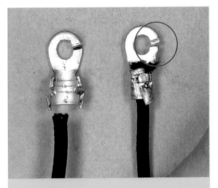

L'élastique-cordelette que nous avons déjà vu est emprisonné dans une cosse, et l'œillet de métal est coupé pour en faire un crochet (cercle rouge).

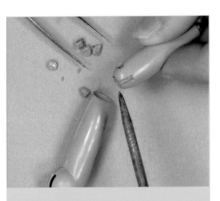

Avant de passer l'élastique, on élimine l'ancienne articulation en caoutchouc.

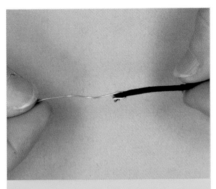

Pour faciliter le passage de l'élastique, on l'accroche à un fil de fer très fin (trombone) qui servira de guide.

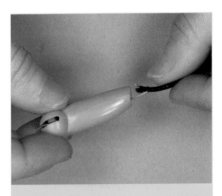

Le fil de fer est introduit en premier....

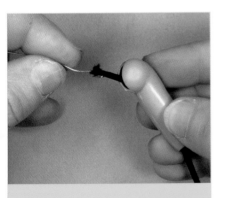

...jusqu'à ce qu'il apparaîsse de l'autre côté du bras, entraînant à sa suite l'élastique !

On passe l'élastique par les épaules, en s'aidant du fil. Il faut une bonne longueur de chaque côté du corps afin d'être à l'aise dans le sertissage et la fixation des cosses.

Une des cosses doit être sertie et fixée au coude, avant d'entamer l'autre bras.

ACTION LIFTING

Vous l'avez encore deviné, les bras des nénettes sont tombés car leurs articulations se sont flétries. Pour remédier à ce problème, il est tout à fait possible de les remplacer par un système bien plus simplifié que celui d'origine, en utilisant un cordon élastique unique muni d'un crochet à ses extrémités. Pour cela, procurons-nous sans plus attendre (faut jamais faire attendre une dame!) une longueur de cordon élastique en mercerie, ainsi que des cosses à sertir (Kelp aime également « sertir » avec le sexe opposé !) qui seront en partie sectionnées pour être transformées en « mousqueton ».

À BRAS LE CORPS

Par cette méthode, il est donc inutile d'ouvrir le corps de la *girl* car l'élastique va passer par une épaule pour réapparaître par l'autre. Ceci fait, on sertit un des crochets sur l'élastique à l'aide d'une pince (il faut bien faire « mordre » le métal dans les fibres de l'élastique, au risque de voir ce dernier s'échapper malencontreusement), puis on l'insère dans le coude, en lieu et place de l'ancienne articulation. En tirant sur l'élastique (on ne ricane pas au fond de la classe!), on exerce alors une certaine tension qui va correspondre au « tonus musculaire ». Le but de la manœuvre, c'est d'apprécier la longueur de l'élastique tendu (pour ça, chez Kelp, c'est très appréciable ! Et il faut que j'arrête avec les parenthèses car je n'arrive plus à me comprendre, et vous non plus, d'ailleurs!!!). Je reprends : c'est une fois un des bras fixé au coude par le crochet qu'il faut tirer sur l'élastique qui passe par l'épaule opposée. Cette tension est nécessaire pour savoir où placer l'autre

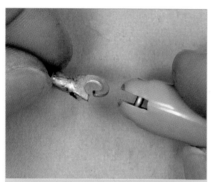

La cosse étant ouverte à l'aide d'une pince coupante, elle devient une sorte de mousqueton qui va venir s'accrocher au rivet restant sur le coude de la pièce en forme d'avant-bras.

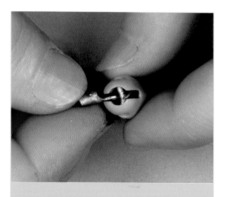

Le rivet étant solide, il n'y a pas de problème à ce que l'on vienne y fixer un crochet.

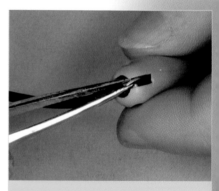

Un fois positionné, le mousqueton doit être refermé sur lui-même pour éviter qu'il ne se décroche.

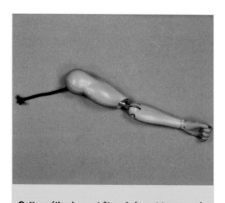

Cette méthode peut être aisément transposée au bras d'un corps masculin d'*Action Joe*...

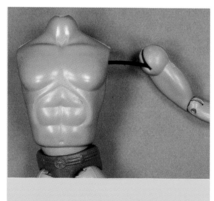

... avec les mêmes recommandations...

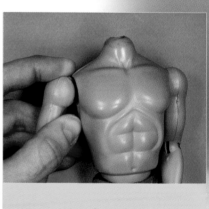

... et les mêmes résultats !

crochet qui maintiendra l'autre bras. Ouf! Si vous avez réussi votre coup, les bras de la fille conserveront à la fois la tonicité et l'élasticité nécessaires, et pourront bouger sans problème.

Ainsi, il n'y a pas lieu de dépenser des sommes importantes dans l'acquisition de pièces de rechange. Tout est dans la manière de détourner des pièces d'usage courant (ici des cosses de matériel d'électricité, et de l'élastique de mercerie), parfait compromis entre qualité et prix.

LA TÊTE SUR LES ÉPAULES

Le problème de la tête « molle » ne se pose pas chez les *girls* car le cou est surmonté d'une boule servant de rotule, et sur laquelle vient s'enfoncer la tête (comme une *Barbie*. Voir page 48, photographie d'ouverture). Aussi, il y a peu de chance de rencontrer des difficultés dans ce cas précis, limitant les interventions qu'aux seules articulations et aux cheveux.

Histoire de démêler le vrai du faux, cette partie est l'occasion d'aborder un sujet délicat, comme les cheveux de ces brunes et blondes demoiselles...

Une paire de trois

Vous allez comprendre le pourquoi du titre de ce paragraphe dans un instant.

Sachez tout d'abord que ce sujet représente un vrai challenge (comme les précédents, me direz-vous!), car les cheveux sont le véritable casse-tête des collectionneurs de poupées. D'une part, les fibres synthétiques utilisées dans leur confection sont extrêmement fragiles, et d'autre part la « mise en plis » est exécutée en usine. Aussi, dès que l'on touche à la « perruque », on défait l'arrangement quasi parfait des dites fibres, et il est bien difficile de refaire le « lissé » une fois celui-ci dérangé. Sur le « collège » de trois têtes

« lissé », « collège », cet article est décidément un « cas d'école »!), deux ont pu reprendre forme humaine (c'est le cas de Blonde 1 et 2); la troisième (Médusa), erre malheureusement quelque part dans mon atelier, à mon corps défendant. Le professeur Kelp réalise quelques fois des exploits, mais pour les miracles, il faut vous adresser à mon confrère barbu et chevelu, à la voie profonde!

52

Voici Médusa ! Cet angle vous permet de vous faire une meilleure idée de l'état aggravé de sa chevelure.

Voici Kelly au pied du lit ! Même un petit-déjeuner riche en fibres ne restituera pas sa chevelure d'antan !

Voici Jill ! Ici, malgré leur apparence, les cheveux sont en bon état. Avant de débuter quoi que ce soit, il est impératif de démêler les cheveux à l'aide d'une brosse à dents...

... Et d'accentuer le brossage à l'aide d'une brosse plus dure qui viendra à bout des fibres rebelles.

Il est plus pratique quelques fois de travailler à plat sur un plan de travail. Évitez également de forcer sur la brosse.

On doit poursuivre le brossage si on veut vraiment éliminer quelques nœuds. Comme vous le voyez, après plusieurs passages de la brosse, les fibres se lissent presque parfaitement.

On parfait le brossage à l'aide d'une brosse à dents, plus souple. Ici, c'est Sabrina et sa chevelure ondulée.

Le shampooing peut commencer. Le liquide vaisselle donne de très bons résultats, tout comme le shampooing normal, d'ailleurs.

Et on frotte délicatement ! Et on fait mousser ! Ah ! Quelles merveilleuses sensations derrière les oreilles !

TIGNASSE, C'EST UN TOUT PETIT NOM CHARMANT...

Avec Kelp, vous avez « l'hair » et la chanson !!! Les cheveux se salissant facilement, nous débuterons cette séance par un shampoing approprié avec du simple savon, comme vous le feriez pour des vrais, sans prendre de précautions particulières ; les cheveux synthétiques étant d'une fragilité relative. J'avoue même m'être servi avec succès de liquide vaisselle qui nettoie en profondeur les fibres, surtout dans les cas les plus extrêmes (par exemple, des objets trouvés dans des brocantes). Mais tout de même attention à ne point les abîmer plus qu'ils ne sont. Évitez également de créer des nouveaux nœuds, en frictionnant la chevelure de fibres synthétiques ; mieux vaut la masser délicatement avec le bout des doigts, jusqu'à disparition de la saleté.

TIFS OU "TEETH", SEUL POINT COMMUN : LA BROSSE À DENTS !

Les cheveux peuvent être brossés avant shampooing, et dans ce cas, il faut être très précautionneux car ils s'arrachent facilement de la sphère de plastique dans laquelle ils sont implantés. Il est donc recommandé de le faire après, pendant le séchage, à l'aide d'une... brosse à dents, outil indispensable comme nous l'avons vu plus d'une fois, et qui permet de démêler les brins avec délicatesse.

Mais si les fibres sont vraiment emmêlées, comme ce fut le cas de la troisième tête que j'ai surnommé Médusa pour des raisons évidentes, il n'y a vraiment rien à espérer ; les cheveux en broussaille ressemblent à un vieux filet de pêche, comme si ses copines lui avaient crêpé le chignon !

Une fille dans le vent ! Mais attention à la température élevée qui abîme les fibres synthétiques.

La frange encore humide peut être refaite à l'aide d'une pince de maquettisme et d'un séchoir !

Un léger voile de laque maintient ce qu'il faut la frange nouvellement refaite. Du gel fait également l'affaire.

Pour « lisser » les fibres, un premier essai est effectué : de l'huile de vaseline est vaporisée sur la chevelure. Ce qu'il ne fallait surtout pas faire !

La brosse permet de mieux répartir l'huile de vaseline dans les fibres. Le résultat est mitigé..., voire médiocre. La chevelure est « lourde ».

On recommence tout le travail, de shampooinage et de brossage...

Deuxième essai, avec cette fois-ci vaporisation de silicone, qui donne du volume à la chevelure synthétique de la demoiselle. Le résultat est… ébouriffant ! Parce que, mes chers lecteurs, vous le valez bien !

Mais les nombreux essais ont révélé que la voie « naturelle » donne les meilleurs résultats.…

Il ne sert à rien d'essayer de vous procurer des produits synthétiques, le shampooing au baume démêlant posé sur l'étagère de votre salle de bain est bien suffisant.

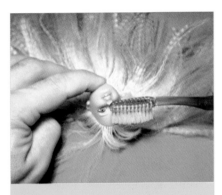

Revenons sur une technique qui vous permettra de refaire la frange de Sabrina, par exemple.

La brosse à dents permet de peigner la chevelure et de séparer la frange des longs cheveux.

Malgré tout, les longs cheveux sont difficiles à isoler de la frange.

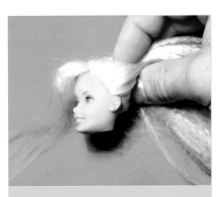

Les quelques cheveux longs qui n'ont pu être isolés vont être coupés pour faire partie de la frange.

Une paire de ciseaux de coiffeur permet d'égaliser correctement la frange.

Voilà. Il ne reste qu'à parfaire la frange en l'humidifiant un peu à l'aide d'eau chaude, suivi d'un séchage et d'un léger coup de laque.

55

La brosse à dents donne vraiment de bons résultats lorsqu'elle est utilisée de concert avec un sèche-cheveux électrique classique, car elle permet de répartir les fibres plus finement qu'avec un peigne ou une brosse, qui peuvent être hors proportion à l'échelle où nous travaillons. Pour prouver la validité de ma théorie, regardez vos dents : après brossage, elles sont bien toutes dans le même sens ! En outre, ce brossage peut se faire en appuyant la tête sur le plan de travail afin de coiffer mèche par mèche ou de recourber celles-ci de manière mécanique. L'eau très chaude aide également à assouplir les fibres synthétiques car sans cela, vous vous retrouveriez avec des mèches rebelles. Et oui, grâce au professeur Kelp, vos poupées qui étaient belles, sont re-belles !

APRÈS-SHAMPOOING ET BAUME DÉMÊLANT

Vous avez les cheveux abîmés et cassés ? Kelp a, ici encore, la solution ! Des années de recherches lui ont permis de s'introduire dans tous les corps… de métiers, bien évidemment, et de trouver le produit « adéquat ». Contrairement à ce que l'on pourrait penser, le baume démêlant, celui-là même que vous utilisez certainement, donne de très bons résultats, même sur des cheveux synthétiques ; et il s'applique de la même façon que sur des vrais. Ainsi, une fois le shampooinage effectué, un massage au baume démêlant va aider au recoiffage des fibres récalcitrantes.

J'avoue également m'être servi, au cours de mes expérimentations, de silicone qui sert dans l'entretien des plastiques automobiles, et même d'huile de… vaseline ! Cette dernière est totalement à proscrire pour de nombreuses raisons, la principale étant qu'elle alourdit considérablement la coiffure. Pour ce qui est des

produits contenant des silicones,

conditionnés en aérosols, ils peuvent être vaporisés superficiellement sur la chevelure afin de déposer un film « lissant » qui facilite la mise en forme des fibres synthétiques. Ils sont « neutres », mais ça n'est pas une raison pour surcharger la chevelure avec un excès de produit. Aussi, il est recommandé de toujours faire des essais sur une partie invisible, dans ce cas précis derrière la nuque par exemple, pour vérifier si cela ne dégrade en rien votre petit trésor. Une fois de plus, votre cher professeur Kelp vient d'assouvir le phantasme d'une certaine « frange » de la gente masculine : avoir chez soi une poupée siliconée ! Et dire qu'il s'en est fallu d'un cheveu pour passer à côté d'un chapitre comme celui-là !

Plaisanterie mise part, il est vrai que le baume démêlant donne de biens meilleurs résultats, même sur des fibres synthétiques comme c'est le cas ici. Inutile donc de recourir à des produits chimiques quand des produits dits « naturels » existent et sont faciles à se procurer.

EN CONCLUSION

Respectez vos proders et vos joujoux, voilà en substance mon message. S'il est envisageable de refaire certaines pièces, la chevelure de ces dames n'en fait pas partie. Les fibres synthétiques, contrairement à de vrais cheveux, ne se renouvellent pas. Une fois abîmées, il est quasiment impossible de faire du neuf avec du vieux. Sinon, il reste la possibilité d'intervertir les têtes avec celles trouvées dans des brocantes, et là, vous en conviendrez, on « frise » le délire !

57

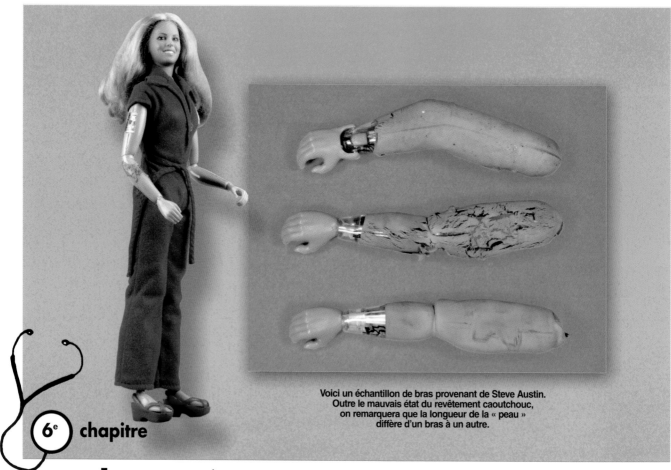

Voici un échantillon de bras provenant de Steve Austin. Outre le mauvais état du revêtement caoutchouc, on remarquera que la longueur de la « peau » diffère d'un bras à un autre.

« Kelp ? J'écoute... ! »

Refaire la peau du bras bionique

En 1975, l'astronaute Steve Austin et l'agent spécial Jaimie Sommers perdent chacun leurs membres dans un accident. Heureusement, le professeur Kelp est là!

- Kelp?
- J'écoute.
- Correction alpha sans résultat, je ne peux plus maintenir l'altitude, je…

« *Steve Austin et Jaimie Sommers, des joujoux tout juste brillants. Messieurs, nous pouvons les restaurer. Nous pouvons redonner naissance aux premiers jouets bioniques. Steve Austin et Jaimie Sommers bénéficieront de l'intervention du professeur Kelp; ils seront aussi bien que ce qu'ils étaient avant l'accident, peut-être plus propres, donc plus beaux* » !

Et c'est ainsi qu'ils deviendront respectivement *l'Homme qui valait 3 Milliards* et *Super Jaimie*. Les stars du petit écran, qui firent l'objet de deux action figures, comportent de nombreuses caractéristiques, dont celles d'avoir les jambes et le bras droit imitant les merveilles de la biorobotique. De part leur robustesse, les jambes ne posent pas de problème; le bras bionique, en revanche…

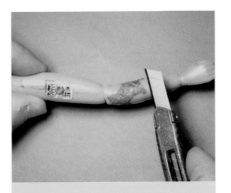

En vieillissant, le caoutchouc est devenu sec et peu agréable à voir. Il s'est transformé en une sorte de concrétion qu'il est possible de faire disparaître.

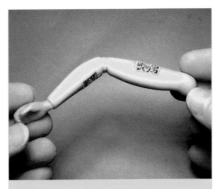

Un cutter à lame neuve permet de se débarrasser de l'ancien revêtement de caoutchouc. Ici, sur le bras de Jaimie.

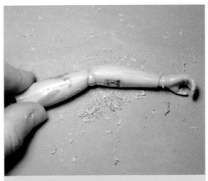

Pour cela, il faut gratter délicatement jusqu'à retrouver le plastique qui en était recouvert.

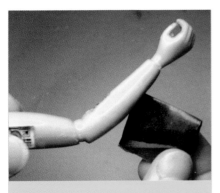

Un coup de papier abrasif fin et humide permet de compenser la morsure du cutter sur le plastique.

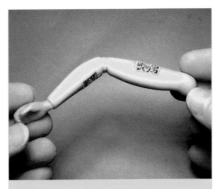

Le bras est presque prêt à l'emploi, mais il n'a pas encore retrouvé les surfaces lisses d'antan.

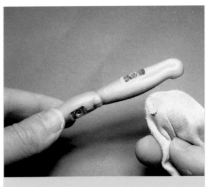

C'est la pâte à polir, frottée énergiquement avec un chiffon, qui va permettre d'obtenir des surfaces brillantes comme aux premiers temps.

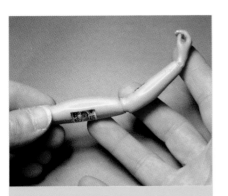

Le résultat est on ne peut plus satisfaisant : les micro rayures ont disparu ! Le bras est comme avant l'accident !

La brosse à dents va permettre de se débarrasser de la pâte sèche qui est restée dans les interstices.

Même lisse est parfaitement propre, le bras est lustré à la vaseline de manière à anticiper sur la réaction du latex qui viendra le recouvrir.

Gauche du bras droit

« Être gauche du bras droit », voilà une expression kelpienne que je vous invite à faire vôtre ! C'est pourtant ce que certains d'entre vous avez à l'esprit lorsque vous regardez l'état dans lequel se trouve le bras bionique de votre figurine, parce que le caoutchouc s'est mis à vieillir et à se craqueler sur le plastique…

Certains bras sont totalement transparents, d'autres le sont à moitié, ou comme celui de Jaimie, qui ne comporte que quelques pièces « électroniques » histoire de dire… N'oublions pas que ces jouets sont maintenant trentenaires ! L'astuce du fabricant fut donc de recouvrir les bras bioniques d'une couche de caoutchouc-latex de couleur chair, que l'on pouvait retrousser afin de révéler les détails qui font la différence. Cette fonction particulière est aujourd'hui compromise, et certaines figurines doivent être restaurées afin de retrouver cette originalité.

Tu peux te gratter, Jaimie…

La première des choses à faire est de nous munir d'un cutter à lame neuve qui va nous servir à gratter les vestiges de caoutchouc qui ont immanquablement durcis. En passant la lame à l'horizontale, comme si on découpait une « tranche », et à la verticale, en conservant l'outil perpendiculairement à la surface et en nous servant du tranchant pour « gratter », les «concrétions» disgracieuses vont peu à peu être réduites à l'état de poudre.

Pour améliorer le rendu, rien de tel que d'abraser le plastique au papier de verre fin et à l'eau. Le plastique se retrouve, certes, rayé, mais on va remédier à cela immédiatement.

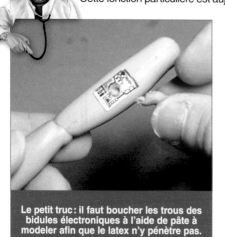

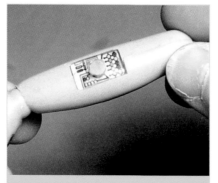

Le petit truc : il faut boucher les trous des bidules électroniques à l'aide de pâte à modeler afin que le latex n'y pénètre pas.

La pâte à modeler doit juste effleurer le bord du trou sans le dépasser.

Comme le latex est blanc laiteux, la teinte chair est obtenue en mélangeant le latex avec de la gouache, et seulement de la gouache.

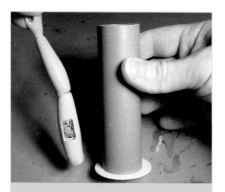

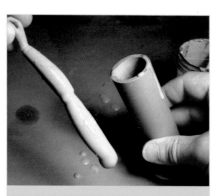

Un récipient est fabriqué spécialement dans un tube de PVC pour permettre de tremper la totalité du bras.

On plonge le bras jusqu'au poignet dans le latex coloré.

Après plusieurs couches successives, le bras est mis à sécher à l'air libre (où comme ici, près d'un radiateur, à la manière des mauvais élèves !).

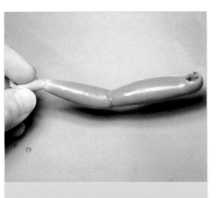

Résultat : le latex s'est assombri en séchant, créant un revêtement élastique.

Un peu de poudre de maquillage atténue la brillance synthétique du latex.

Le pinceau est mort, mais on continue ! La poudre empêche le latex de coller sur lui-même.

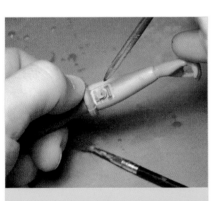

Il ne faut pas oublier de retirer le bouchon de pâte à modeler, à l'aide d'un outil fin.

Le latex qui s'est pris dans les interstices est délicatement découpé à l'aide du cutter ou de l'X-Acto.

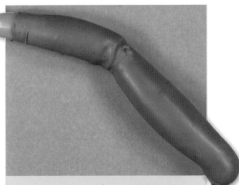

La nouvelle peau épouse parfaitement les reliefs du bras ! Elle est de plus faible épaisseur au niveau du poignet, et des ciseaux fins permettront d'égaliser les bords.

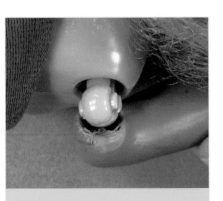

Le latex étant de faible épaisseur; il va se « déchirer »aux endroits opportuns losque le bras sera placé sur la rotule.

Ok! La nouvelle peau de latex est un brin trop sombre. Mais il suffit d'être un peu plus « léger » sur le colorant! À moins que Super Jaimie ait fait de la bronzette...

Le professeur Kelp s'est procuré les dossiers secrets des deux agents ! Saviez-vous que Steve et Jaimie sont... Ah ! Bonjour Oscar...

61

SOYEZ POLI

Comme le plastique est dur, il peut-être poli à la pâte à polir ou à l'efface rayures, à l'aide d'un chiffon doux, de préférence en coton. Ainsi, le plastique retrouve son éclat d'antan, c'est-à-dire lisse et brillant.

JAIMIE DANS LE MILLE

Il est temps de nous retrousser les manches! Nous allons recréer un revêtement caoutchouc qui va épouser les formes, de manière quasi parfaite, du bras de Jaimie, et accessoirement de Steve, bien qu'il n'ait point joué les cobayes dans cette démonstration.

DUREX FAÇON KELP

C'est le latex liquide qui apporte la solution au problème. Ce produit qui sert dans le maquillage et autres effets spéciaux, est d'un blanc laiteux, qu'il est nécessaire de colorer si l'on veut obtenir un résultat proche de l'original. Pour cela il est impératif d'utiliser de la gouache couleur chair (et surtout pas de peintures à maquettes qui font «coaguler» le latex). Pour trouver le bon dosage, il faut faire des essais, sachant qu'une fois sec, le latex devient plus sombre. Le mélange se fait à l'aide d'un vieux pinceau qui finira sa vie ici ! (j'en connais qui voudrait finir leur vie en trempant une dernière fois leur pinceau dans un pot !).

BOUCHE PORES

Les bras bioniques disposent de plaques de plastique transparent laissant entrevoir les détails électroniques, mais également les trous des branchements des accessoires bioniques qui rendent problématique la suite de la restauration. Ils doivent être bouchés à l'aide d'un peu de pâte à modeler qui sera retirée après la manipulation.

UNE CHANCE AU TIRAGE

Vu la longueur du bras, il est nécessaire de se confectionner un récipient à l'aide d'un tube de PVC (tuyau en plastique qui sert pour les évacuations), et qui contiendra le latex coloré. C'est là-dedans que l'on va tremper le bras de Jaimie, non pas jusqu'au coude, mais bien jusqu'à l'épaule. Comme on aime, on va recommencer plusieurs fois - en égouttant et en séchant juste ce qu'il faut entre chaque trempette - afin que la couche de latex soit un peu plus épaisse à chaque fois.

Il faut répartir uniformément le latex liquide pour éviter qu'il ne s'amasse à certains endroits, en tournant dans tous les sens le bras. Et on laisse sécher quelques heures… Dans cette manipulation, le plus délicat est donc de travailler pour faire en sorte que la couche soit homogène.

POUDRE AUX YEUX

Une fois sec, le latex crée une sorte de film plastique élastique brillant qu'il faut se garder de replier sur lui-même, au risque de le voir se coller de manière irréversible. Pour éviter ce problème, nous emploierons soit du talc qui laisse des traces blanches, ou mieux, de la poudre de maquillage qui atténue la brillance tout en restant dans les teintes chair.

On commencera donc par saupoudrer l'extérieur, à l'aide d'un pinceau, puis l'intérieur, en roulant au fur et à mesure la nouvelle peau sur elle-même.

CONCLUSION

Votre cher professeur Kelp est heureux d'avoir pu contribuer à rendre à Super Jaimie l'usage de son bras droit, sachant que Steve attend son tour ! Je ne prétends pas donner LA solution, mais seulement un élément de réponse qui vous permettra de restaurer d'une manière plus que convenable deux êtres chers qui avaient perdu un peu de leur valeur. Certes, la recherche de la bonne teinte est délicate, mais il faut savoir que la couleur originale était sujette à des variations, dépendantes des éditions. De plus, au niveau du poignet du personnage, le latex risque d'être plus fin car les bains ne sont pas tous identiques. Enfin, le latex se détend légèrement plus que le revêtement élastique original, surtout au niveau du poignet, plus sollicité au moment de retrousser la peau.

Mais cette méthode, sans être trop difficile, est très efficace pour redonner un coup de jeunesse aux membres fatigués. Elle est de plus reproductible *ad vitam eternam*, au cas où les premières tentatives n'auraient pas fonctionné correctement.

Jaimie peut maintenant donner le bras à Steve,
qui la tient à l'œil ! (Et le professeur Kelp
obtient « l'*Oscar* » du meilleur jeu de mots !)

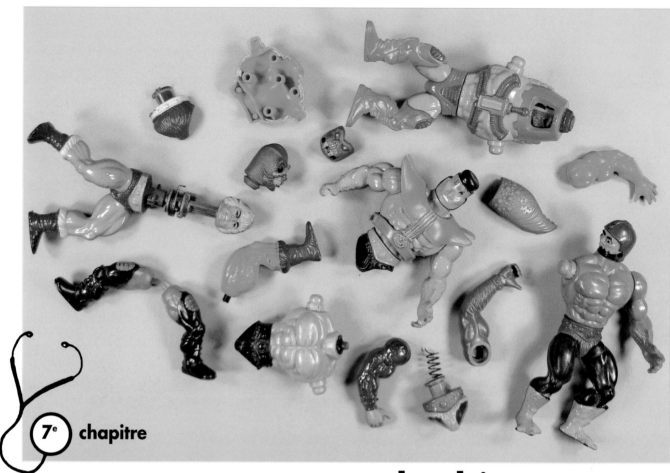

« MDLU ! La marque des biscottos ! »

1ᵉʳᵉ partie : les rotules des bras

J'aimerais que nous abordions substentiellement la restauration des personnages des *Maîtres de l'Univers* (MDLU pour faire plus court), ces héros charpentés comme des catcheurs qui ont fait la joie des enfants des années 80.

LES BRAS

La faiblesse des rotules situées sur les épaules sont parmi les défauts majeurs des MDLU. Deux solutions s'offrent à vous si elles sont cassées : soit vous récupérez ces rotules en les découpant sur un autre personnage (trouvé dans une brocante, par exemple), soit vous reproduisez la dite rotule par moulage, en vous servant de l'un des bras comme moule.

La méthodologie est simple et fait appel à des techniques que nous avons vu depuis le début de ce livre. Vous avez donc tout le matériel nécessaire du parfait petit Kelp !

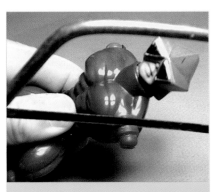

On commence par scier au ras d'une des rotules d'un personnage trouvé dans une brocante. Attention, car le plastique est cassant.

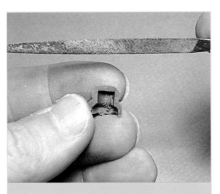

Il se peut que la rotule se sépare en deux parties, suivant la ligne de jointure. Si c'est le cas, il faut égaliser les surfaces à l'aide d'une lime, et coller les morceaux.

L'endroit où doit se placer la nouvelle rotule doit également être débarrassé des aspérités si l'on veut un bon collage.

Il faut renforcer la rotule à l'aide d'un tube (en plastique ou en métal). Le collage, quant à lui, s'effectue à la colle époxy à deux composants. Surtout pas de *Superglue* !

À l'aide d'une spatule, on rempli l'espace entre l'intérieur de la rotule et l'extension afin de renforcer également cette dernière. Si on ne le fait pas, le tube ne jouera pas correctement son rôle qui est de maintenir la rotule.

Une fois enduite, la rotule renforcée vient prendre place à l'endroit exact, puisqu'elle est guidée par l'extension. Il faut que la colle soit en léger excédent de manière à former une sorte de joint. Mais il ne faut pas que ça bave !

VOICI UNE AUTRE MÉTHODE FAISANT INTERVENIR LE MOULAGE !

Le bras doit être disposé sur un support en pâte à modeler pour le maintenir à l'horizontale, et la cavité de la rotule enduite de vaseline pour permettre le démoulage.

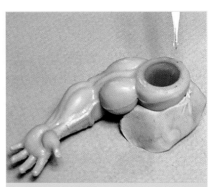

Selon la technique déjà expliquée, on fait couler un peu de résine (polyuréthane) dans le creux.

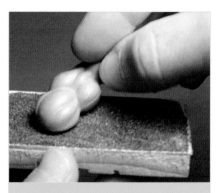

Quand la résine est prise en masse, au bout de quelques minutes, il faut la surfacer (ici à l'aide de papier abrasif collé sur une cale en bois).

Voici comment se présente la rotule en résine nouvellement formée, lorsqu'on la retire de l'épaule. C'est presque la copie conforme de l'originale en plastique située sur le perso !

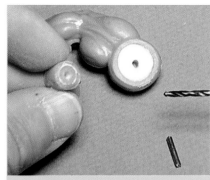

Maintenant, coupez un tronçon de plastique provenant d'une baguette de diamètre approprié, afin de pouvoir rallonger la rotule en résine, que l'on relie par une tige de métal.

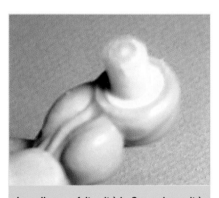

Le collage se fait soit à la *Superglue*, soit à l'époxy. Dans ce cas, il faut attendre quelques heures pour que la colle se solidifie correctement.

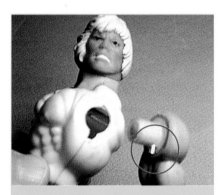

Pour que cette rotule en résine puisse tourner librement à l'intérieur de l'épaule, il est impératif de mettre une autre tige qui prendra appui sur le plastique (cercle rouge).

Ainsi restauré, *He Man* (comme il respire !) peut rouler des mécaniques. «*Tu peux te la jouer, Musclor ! Kelp est plus fort que toi ! Et pis lui, il a aussi un, heu... comment déjà... Ah oui ! un cerveau !*».

2e partie : remplacement de l'élastique des jambes

LES JAMBES

L'autre défaut majeur se situe au niveau des jambes, et plus exactement au niveau de l'attache élastique qui les relie. Avec le temps, ce cordon en caoutchouc se dégrade et perd de son élasticité. Résultat : les jambonneaux se font la malle !

Pour permettre à Musclor et à ses amis de retrouver toute leur mobilité, il existe une solution simple et efficace, que nous avons déjà vu avec *Action Joe*. Cette solution, c'est le cordon élastique. Celui-ci, s'il ne reproduit pas fidèlement la pièce dégradée (qui comporte à ses deux extrémités des sortes de boules emprisonnées dans les cavités des jambes), n'en demeure pas moins efficace.

Il y a deux solutions pour placer les jambes : soit on relie dès le début les deux jambes grâce au cordon élastique, et là il est nécessaire d'ouvrir le bassin du personnage pour positionner le cordon, soit le cordon n'est vissé que sur une jambe, et là il est inutile d'ouvrir le bassin, puisqu'il suffira de glisser l'extrémité libre du cordon dans la cavité de la cuisse ! Mais place aux photographies !

Des cuisses de grenouilles? Non ! Les jambes des *Maîtres de l'Univers* ! Celles de gauche ont perdu le cordon de caoutchouc.

Un simple tournevis va servir au curetage des jambes. En effet, avec le temps, le caoutchouc se désagrège au point de devenir une sorte de pâte qu'il faut retirer.

Un cutter va nous aider à séparer les deux parties du bassin afin de pouvoir, plus tard, insérer le cordon de caoutchouc.

Et voilà! On obtient un magnifique bec de perroquet ! On voit comment est compartimenté le bassin. Le cordon passe derrière la cloison de premier plan.

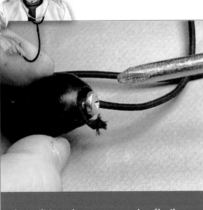

Le petit truc: le nouveau cordon élastique est maintenu en lui faisant faire une boucle autour d'une vis.

Voilà comment se présentent les deux jambes maintenues par le nouveau cordon élastique. Bien entendu, il faut veiller à l'alignement de l'élastique.

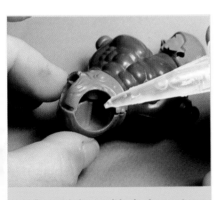

Deux solutions: soit les jambes sont introduites alors qu'elles sont reliées entre elles, dans ce cas il faut alors ouvrir puis recoller le bassin une fois l'exercice terminé…

… Soit on fait passer l'extrémité du cordon que l'on maintient à l'aide d'une pince à épiler, et qui sera mis en boucle autour de la vis située sur l'autre jambe.

Dans les deux cas, le personnage retrouve ses jambes, pour notre plus grande satisfaction !

« Sous le signe du zodiaque ! »

1ᵉʳᵉ partie : nettoyage et lustrage des vintage

Tout ce qui brille n'est pas or !
Cet adage pourrait bien s'appliquer
à nos chers proders, et en particulier
aux Chevaliers du Zodiaque. Tour
d'horizon d'une véritable collection.

Avec un nombre alléchant de pièces amovibles et une impressionnante quantité d'articulations, les personnages des *Chevaliers du Zodiaque* méritent le qualificatif d'action figure. Ces figurines sont rendues « mouvables » par des articulations en plastique maintenues par des vis et/ou des rivets de petites dimensions. De plus, torses, bassins, cuisses et tibias peuvent s'ouvrir en deux parties pour accéder aux rotules. Ces articulations sont maintenues sous « pression » par des ressorts lilliputiens. Chevaliers du Moyen âge et *Chevaliers du Zodiaque* ont en commun de n'être que de la quincaillerie ambulante ! Leur caractère modulable révèle donc une fragilité certaine, qui va en s'accentuant avec le temps. C'est pourquoi certains de ces personnages « vintage » ressemblent étrangement à des pantins désarticulés, ne pouvant plus supporter leur armure.

Nous allons voir, dans la première partie de ce sujet comment il est possible de nettoyer ces personnages et faire en sorte que les articulations se maintiennent correctement d'elles-mêmes. Qu'elles soient moulées en rouge, vert ou noir, ces figurines sont toutes au même standard, à savoir le corps

Rouge, verte ou noire, la figurine s'ouvre facilement grâce à de petites vis cruciformes.

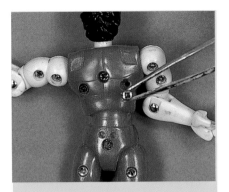

La pince à épiler tient une vis en métal qui vient d'être débarrassée de sa rouille grâce à un bain de vinaigre !

Un traitement au papier abrasif fin est envisageable sur le corps si celui-ci montre quelques signes de fatigue.

La brillance est obtenue avec l'efface rayures appliqué à l'aide d'un chiffon doux.

Certains pieds en métal peuvent être poncés à l'aide d'un papier abrasif très fin, et humidifié à l'eau.

Le métal est poli à l'efface rayures à l'aide d'un chiffon doux, ici encore.

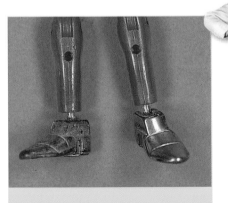

Résultat : le métal retrouve un brillant éclatant, car les micro rayures ont disparu !

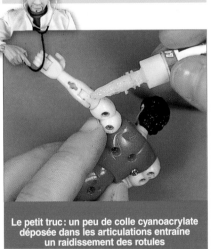

Le petit truc : un peu de colle cyanoacrylate déposée dans les articulations entraîne un raidissement des rotules

Le personnage peut ainsi maintenir ses bras en l'air ! et cela fonctionne également pour les jambes…

en plastique où seuls les pieds et les chevilles sont en métal (une sorte de zamak - à ne pas confondre avec « zenmak » Deschamps!), peint ou non. Il n'est donc pas rare de le voir oxydé ou écaillé, au grand dam du collectionneur. Mais avant d'entamer le chapitre des réparations, il faut savoir que l'on trouve ces figurines un peu partout, aussi avez-vous toutes les chances d'en trouver des morceaux dans des brocantes, vous permettant ainsi d'échanger et de remplacer les pièces endommagées sur les vôtres !

RESTAU RAPIDE

Le plastique peut être un peu usé par endroits. Si c'est le cas, un léger coup de papier abrasif très fin (du grain 800 ou 1 000) suffit à « surfacer » le plastique, pour peu que l'on accentue ce surfaçage par un lustrage à l'efface rayures. On termine par un nettoyage à l'alcool. D'ailleurs, il est tout à fait possible d'éliminer les quelques traces de saleté à l'aide d'une brosse à dents et d'un peu d'eau savonneuse. Bien entendu, le séchage doit se faire rapidement pour éviter la rouille sur les vis et sur les micro ressorts. On peut placer la figurine, démontée ou non, sur un radiateur ou la sécher au sèche-cheveux. À ce propos, si de la rouille s'est déposée sur les vis et les rivets, on peut, par exemple, les laisser tremper dans un petit gobelet rempli de vinaigre ! Il stoppera et éliminera les quelques impuretés, et vos vis seront comme neuves. Il existe également un outil muni de fibres de verre à l'extrémité. Ce grattoir enlèvera une bonne partie de la rouille. Alors que les rivets cassés peuvent se remplacer par des micro vis que l'on trouve dans les magasins de modélisme et d'électronique.

ART'RITE

Comme je viens de le dire, les articulations peuvent être lâches au point que le personnage « flotte » littéralement, tel un mobile. Une méthode très simple consiste à « épaissir » les rotules en mettant tout simplement une goutte de colle cyanoacrylate (Superglue) dans les joints. Mais attention ! Il ne faut pas attendre que la colle fasse son effet !

Au contraire, il faut constamment bouger les membres jusqu'à ce que l'épaisseur de colle se dépose sur les parois des articulations. Vous verrez que la mise en œuvre est facile, et qu'au besoin, il ne faut pas hésiter à en mettre une deuxième « couche ».

LES PIEDS

En ce qui concerne les pieds, il n'y a pas pis que le zamak (wouah ! un « pizamak » ! Allez, Kelp, au dodo !). Sur les figurines, ce métal est soit laissé naturel, soit chromé ou doré, soit encore peint. Le nettoyage se fait également à la brosse, à l'aide d'un peu d'eau savonneuse. Dans le cas du métal laissé naturel, un bon surfaçage au papier abrasif (toujours grain 800 ou 1000) à l'eau, suivi d'un lustrage à l'efface rayures donne des résultats très satisfaisants.

En effet, le fait de travailler à l'eau permet de ne point encrasser le papier abrasif et d'obtenir un surfaçage plus régulier. L'efface rayures, quant à lui, va diminuer les effets de morsure du papier, en lissant le métal.

Résultat : le métal retrouve tous ses feux !

2e partie : remplacement des rivets

LES RIVETS

Si certaines pièces sont abimées, comme par exemple celle qui sert de genou, et qui se trouve entre la cuisse et le tibia, vous pouvez l'emprunter à une figurine en mauvais état sur laquelle il reste ce type de pièces. Il n'y a pas plus simple !

Pour retirer les rivets, il faut éliminer le métal en perçant à l'aide d'un petit foret à métaux (« mèche » dans le langage courant), en faisant très attention à ce que le plastique ne soit pas abîmé (la chaleur est conduite par le métal). Cela permet d'éliminer la bordure de métal qui maintient tout ce beau monde solidaire. L'extrémité doit ensuite être limée pour faire disparaître les indentations du métal. Une fois remis en place, les parois du rivet sont écartées en force en introduisant l'extrémité tronconique d'une pointe à tracer (ou avec un marteau comme nous l'avons vu page 32). Mais il existe dans le commerce des rivets de petites dimensions ; si vous n'en trouvez pas, ils peuvent être remplacés par des micro boulons disponibles dans les magasins spécialisés en modélisme, ou tout simplement récupérés sur de vieux Chevaliers.

LA TÊTE

Il n'est pas rare que la tête présente des traces de fatigue. De la peinture pour les maquettes suffit à restaurer cheveux, sourcils et yeux, afin de faire retrouver au Chevaliers un semblant d'humanité.

La peinture de type Humbrol convient très bien pour ce travail car elle tient sur beaucoup de supports, pour peu que vous ayez débarrassé les surfaces des impuretés, par un nettoyage à l'eau savonneuse, suivi d'un lavage à l'eau claire.

Les solvant utilisés sont le white spirit ou l'essence de térébenthine, qui servent à la fois à diluer la peinture et à nettoyer les pinceaux, fins de préférence (la pupille d'un œil de Chevaliers est aussi grosse qu'une tête d'épingle !).

L'ARMURE

Certaines armures « vintage » sont également peintes et non chromées. Elles peuvent également être restaurées en prenant soin de nettoyer correctement les surfaces à l'aide d'alcool et de papier abrasif très fin (grain 800 ou 1 000), en travaillant toujours à l'eau ; cela aide à évacuer les poussières, et la durée de vie du papier s'en trouvera allongée.

Malheureusement, quand la peinture commence à s'écailler, ça n'est pas bon signe… On peut quelques fois se contenter de quelques retouches au pinceau quand les éclats sont épars. Mais en cas de dommages plus sérieux, il est conseillé de repeindre entièrement la ou les pièces, afin que les retouches se voient le moins possible - question d'uniformité. Pour cela, un aérographe est plus que recommandé, car il autorise les mélanges de peintures permettant de trouver la bonne teinte, et d'obtenir une restauration convenable. Et rien n'est plus moche que de voir des traces de pinceau ! Les peintures en aérosol peuvent également

être envisagées, mais vous ne parviendrez jamais à tomber sur les teintes d'origines…

Pour être sûr d'avoir obtenu la bonne teinte, appliquez-la sur un bout de bristol, ou mieux, de plastique, du genre pot de yaourt, car en séchant la peinture modifie légèrement son aspect. Si vous n'avez pas la possibilité d'utiliser un aérographe (ce qui est compréhensible), l'astuce consiste à appliquer au pinceau des couches successives de peinture diluée, en attendant que la précédente couche ait un peu séché. Cela permet à la peinture de se lisser d'elle même, et de ne point empâter le support ; les quelques grains de poussières étant éliminés au papier abrasif humide entre deux couches.

Si vous respectez ces règles élémentaires, vos *Chevaliers du Zodiaque* retrouveront le goût du neuf !

Ce Chevalier fait partie d'un lot trouvé dans une brocante. Il va nous fournir les pièces détachées - vis et rivets - nécessaires à la restauration.

À l'aide d'un foret monté sur une mini perceuse, on entame l'extrémité du rivet DÉLICATEMENT! Car le plastique peut se casser à tout moment.

Puis, à l'aide d'un marteau et d'un clou, on fait sauter le rivet en maintenant le genou en hauteur, entre deux plaques de métal, ou d'une planchette de bois.

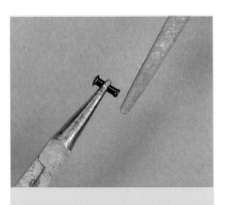

Le rivet ainsi récupéré est ensuite nettoyé et affiné à la lime pour qu'il pénètre mieux.

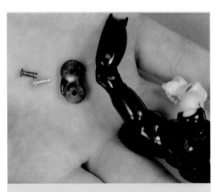

Voilà ! À l'aide d'une vieillerie, on réussi à obtenir une rotule et des axes gratuits adaptés à nos besoins!

Hop ! À la peinture ! Entre calvitie et œil au beurre noir, ce chevalier a choisi les deux ! Et voilà le résultat une fois la restauration accomplie au pinceau et à la peinture *Humbrol* pour maquette.

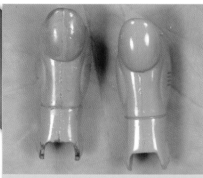

Le petit truc : la lame de cet outil X-Acto (ou d'un cutter à lame neuve) permet d'affiner le travail en grattant l'excès de peinture ! Attention aux doigts et au plastique…

Une palette de plastique blanc (pour mieux apprécier les couleurs), permet de préparer ses mélanges jusqu'à l'obtention de la bonne teinte.

Ici, c'est de la peinture pour maquettes très diluée qui est appliquée sur les éraillures de l'armure. Si on veut un meilleur résultat, il faut passer plusieurs couches.

3ᵉ partie : les charnières

VOUS TRANSPIREZ ? : AXE…

Il peut arriver (d'ailleurs, tout arrive aux *Chevaliers du Zodiaque* !), qu'un élément de l'armure soit défectueux. Dans l'exemple qui suit, la charnière a perdu son axe en métal, ce qui fait que l'un des pans est sorti de ses gonds et gît lamentablement sur l'étagère du salon.

Pour remédier à cela, il faut recréer un axe en utilisant un tout petit bout de tige de laiton, de fil de fer, ou même un trombone, comme nous l'avons maintes fois vu, que l'on aura pris soin de couper à l'aide d'une pince coupante, et qui sera maintenu par une petite goutte de colle. C'est tellement facile que j'aurais dû garder ça pour moi…

PATTE EN MOINS, TRAVAIL EN PLUS

Je vais aborder une autre facette de la restauration des *Chevaliers* (autour d'une table ronde, de préférence !). Une fois de plus, cette technique est valable pour d'autres applications. Cette pièce d'armure a perdu une patte sur deux, ce qui rend impossible l'articulation autour d'un axe, car le système se retrouve bancal. Nous allons voir comment recréer cette patte.

Il faut pour cela se procurer un petit bout de laiton, sous forme de profilé. Le profilé est très pratique car il en existe de différentes tailles, sections et formes. L'épaisseur est également importante car elle doit correspondre à l'épaisseur de la patte restée sur la pièce, dans notre cas, 1 mm. Faites donc votre choix — dans les

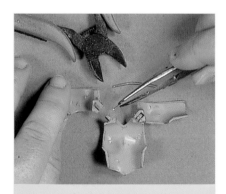

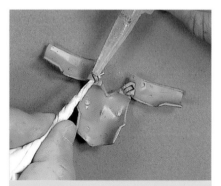

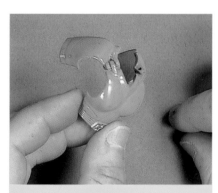

Ici, un des axes en métal de l'armure a disparu. Rien n'est plus facile que de le refaire à l'aide d'un bout de tige de laiton de bon diamètre.

Pour maintenir le nouvel axe en place, un peu de colle cyanoacrylate suffit. On le voit, inutile cette fois-ci de parcourir les stands de brocante ; un tour de main, et c'est réglé !

Plus rien n'indique que cette pièce a été réparée avec un simple bout de métal.

magasins spécialisés — en fonction de la pièce à refaire. Le laiton est un alliage tendre qui se travaille très bien à l'aide de limes fines dont on se sert en maquettisme. Il faut apposer le profilé sur la patte restante, et tracer ses contours soit à l'aide d'un crayon fin, soit avec une pointe sèche (sorte d'aiguillon en métal) qui va faire un sillon dans le métal. Une fois l'empreinte effectuée, le profilé est coupé à la bonne longueur, et mis en forme à l'aide des fameuses limes. Cette pièce est ensuite percée à l'aide d'un micro foret du diamètre approprié.

PLACEMENT ET COLLAGE

La pièce endommagée doit être débarrassée des vestiges de l'ancienne patte, en limant légèrement les surfaces pour que ces dernières deviennent planes et lisses, ce qui facilitera le placement de la pièce de rechange.

Si la colle de type cyanoacrylate permet de se sortir de bien des situations, elle n'est, en revanche, pas adaptée à notre besoin immédiat. On privilégiera plutôt une colle de type époxy à deux composants, résine et durcisseur.

Le mélange réalisé à parts égales permet d'enduire les surfaces sur lesquelles on aura créé quelques striures pour favoriser l'accroche, puis on positionne la pièce de rechange en veillant à son alignement, et on laisse sécher au moins vingt-quatre heures pour une solidité totale.

FINITIONS

Si un peu de colle-résine a débordé, un petit coup de papier abrasif ou de lime rendra les surfaces nettes. Après un petit nettoyage à l'alcool, la pièce ainsi restaurée est prête à recevoir une couche de peinture rappelant la couleur d'origine.

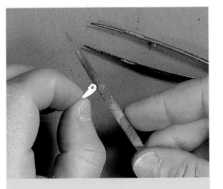

Cette patte est fabriquée à partir d'un profilé en métal (du laiton) de faible épaisseur, mise en forme à la lime.

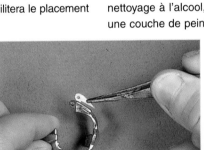

On compare de temps en temps cette pièce avec l'originale restée sur l'armure.

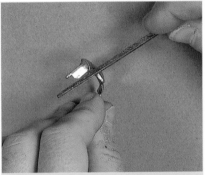

Puis on fait disparaître les traces de métal. Cela permet d'obtenir une meilleure assise.

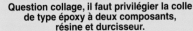

Question collage, il faut privilégier la colle de type époxy à deux composants, résine et durcisseur.

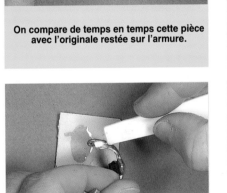

L'application de la colle résine se fait à l'aide d'une spatule en plastique.

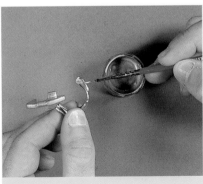

Une fois sec, au bout d'au moins six bonnes heures, on peut passer à la peinture pour maquettes qui va camoufler le raccord et harmoniser la restauration.

Nombreux sont les joujoux du commerce qui sont recouverts d'une sorte de chrome, coloré ou non, donnant de merveilleux reflets aux surfaces. Mais que les choses soient claires dès le départ : certaines pièces abîmées le resteront, malgré tout le soin apporté par la restauration...

CHROME D'ORIGINE PLASTIQUE

Cet aspect métallique est obtenu en usine grâce à des appareillages sophistiqués qui donnent cet effet « miroir ». Si l'on entame le plastique, il va de soit que le revêtement superficiel « saute », créant un éclat dans la pièce. Cet effet chrome peut également être obtenu par galvanisation qui consiste à appliquer un film chromé de quelques microns par-dessus l'objet. Tel est le cas du costume de tournage de C-3PO dans *Star Wars*. Je ne vous cacherai pas qu'il est quasiment impossible d'obtenir ceci chez vous ; sans le consentement de George Lucas, bien entendu !

Voici quelques pièces ayant perdu de leur superbe. On peut y voir des éclats, des chromes ternis et des peintures complètement effacées.

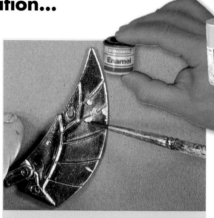

On peut tenter de faire des retouches sur des pièces chromées, mais cela se verra comme le cochon au milieu de la prairie.

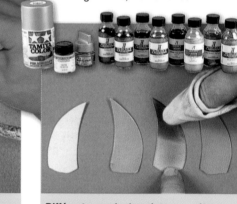

Différents essais de peintures « chrome ». Certaines peuvent être polies à l'aide d'un chiffon doux en coton pour en accentuer la brillance.

Le pelage de Pégase du bas est terne alors que Pégase du haut est en bonne santé !

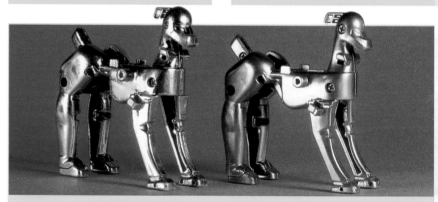

Avec Kelp, Pégase de droite retrouve un poil brillant grâce à l'aérographe et au savoir faire de ce cher professeur!

Mais malgré toutes les bonnes volontés, on ne peut obtenir le chrome « toc » des jouets en plastoc!

Pauvres restaurateurs que nous sommes, nous n'avons pas d'autre choix que de simuler cet effet par des moyens artificiels plus ou moins efficaces…

PEINTURES À EFFET CHROME

Conan disait bien que « Chrome » est le plus grand ! Mais je vous rassure, nous n'allons pas employer de procédé barbare ! Aucune peinture ne peut prétendre à recréer du chrome véritable, sous entendu celui qui, par son aspect clinquant, intéresse plus particulièrement les patients du professeur Kelp. Pas plus les peintures qui sont vendues sous cette appellation et qui résistent très mal aux manipulations. C'est pourquoi les éclats dans nos proders chromés sont difficilement réparables, surtout dans le cas des plastiques. Il existe aujourd'hui un grand choix de peintures dites à « effet métal », utilisées dans le maquettisme. Ainsi, la solution de base consiste à utiliser la bonne vieille peinture *Humbrol* n° 11 « aluminium » qui, déposée uniformément, a un rendu relativement satisfaisant.

Cette restauration est en effet assujettie à l'état de votre Chevalier. Pour de simples accrocs, un pinceau suffit. Mais toute intervention sur des surfaces aussi lisses et aussi brillantes ne peut que se voir.

Si la figurine est beaucoup plus endommagée, il faut recourir à la solution unique de l'aérographe. Ce dernier permet de vaporiser une très fine couche uniforme de peinture, plus que ne le permet un aérosol.

Il faut de la pratique pour bien manipuler ce petit matériel, et les zones peintes

On ne peut rester placide devant ce museau dont les surfaces endommagées ont été recouvertes d'une peinture dorée de mauvais effet.

Pour refaire une meilleure dorure, la pièce à reçu une première couche argentée, à l'aide d'un aérographe…

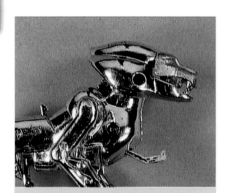

… suivie d'un vernis jaune. Cette technique permet de jouer sur l'aspect de la dorure en forçant plus ou moins sur la teinte du vernis. Mais pas de chrome à l'horizon…

Cette technique a également été appliquée à ces pièces. On peut voir la différence entre une pièce traitée, à gauche, et une pièce « dans son jus », à droite.

Voici un autre exemple de pièce en plastique à l'aspect chrome. Quelques éclats sur les surfaces sont à déplorer.

La restauration débute par quelques touches de peinture argent, suivie d'un vernissage à l'aide d'une peinture acrylique translucide.

s'étendent en risquant de recouvrir les surfaces qui doivent rester dans leur état originel. Bien entendu, on peut faire des « caches » de protection, mais la transition entre les zones se voit du fait de leurs différentes natures (chrome d'usine et peinture). À moins, bien évidemment, que la pièce soit en si mauvais état qu'elle demande une restauration complète, comme ce fut le cas du porte armure.

Comme on peut le voir, le résultat est plus qu'honorable puisque nous nous sommes approchés au maximum de l'effet recherché, c'est-à-dire de l'effet miroir tant désiré… sans pour autant y être totalement parvenu, malgré ces merveilleux reflets. Car ce « plus » ne peut être obtenu qu'en usine. Si vous vous sentez l'âme aventurière, la marque *Alclad II* commercialise une gamme de peintures métalliques d'un excellent rendu (le porte armure a été peint avec cette marque) puisque la finesse des paillettes est sans égale. Ces règles valent également pour la peinture dorée qui existe dans différents tons or, pas toujours proches de celle que l'on voudrait.

Certaines peintures dites « polished » (polies) peuvent être lustrées délicatement à l'aide d'un chiffon doux en coton afin d'accentuer la brillance. Mais, je le répète, aucune peinture ne peut remplacer un véritable chrome miroir d'usine, et la restauration de telles pièces se verra immanquablement, et donc jouer sur la cote des objets restaurés.

Enfin, n'oublions pas qu'une restauration digne de ce nom ne réside pas seulement dans les techniques mises en jeu. Elle se doit avant tout de conserver l'objet dans ses conditions d'origines. « Or », tout en restaurant le « chrome », vous risquez de perdre de l'« argent » !

Ce *Chevalier* a subi une tentative de restauration. Cela lui est resté sur l'estomac car la peinture dorée utilisée n'est ni de la bonne couleur, ni assez brillante ; elle a de plus empâté les détails…

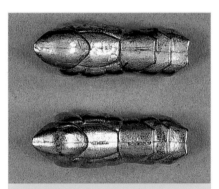

La jambière du haut est encore recouverte d'une mauvaise peinture dorée, alors que la pièce du bas, débarrassée de sa gangue de peinture, a été lustrée pour faire briller le métal.

Les pièces en métal peuvent être débarrassées des impuretés par traitement au papier abrasif fin et par lustrage à l'aide d'une pâte à polir. Le métal retrouve ainsi son brillant.

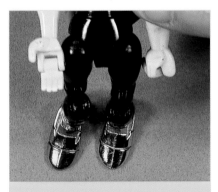

Le pied de droite a été restauré à l'aide d'un vernis légèrement coloré, ce qui accentue son aspect brillant doré et rend les contrastes plus séduisants.

La dorure de cette pièce en métal a été ravigotée sur la partie de droite. L'avantage avec le métal, c'est qu'il possède une brillance qui lui est propre et qui peut être à tout moment retrouvée par un lustrage plus ou moins tonique.

Le plastron en métal a été en partie restauré (à droite) selon la même technique. La dorure est revenue comme aux premiers jours, et seulement avec des vernis !

LES EFFETS CHROMES COLORÉS

Ici, le principe est légèrement différent, puisque dans de tels cas les pièces sont revêtues de métal, lui-même recouvert d'une sorte de vernis coloré. Il est tout à fait possible de restaurer de telles pièces en appliquant justement un vernis coloré translucide (acrylique pour sa facilité d'emploi). Il est également possible de se composer un vernis personnel ayant la bonne teinte, en employant des mélanges de vernis existants. Les éclats se réparent au pinceau fin, sinon, il est conseillé d'utiliser un aérographe pour les surfaces plus importantes.

Dans le cas contraire, il faut passer les vernis uniformément avec un pinceau en couche plus ou moins épaisse, au risque de « baver » et d'empâter le support. Les avantages d'un aérographe sont multiples, comme de pouvoir agir sur la quantité de peinture vernie, et donc sur le rendu final. Si le métallisé est parti, une retouche de peinture effet chrome suivie d'une retouche de vernis peut s'avérer très efficace.

AUTRE SOLUTION PEINTURE

Dans le cas d'un chrome « doré », on peut se passer de peinture dorée. On recourt alors à la solution qui consiste en premier lieu à vaporiser une peinture argent qui jouera le rôle de « réflecteur », et qui sera recouverte d'un vernis teinté « jaune ». Le résultat est saisissant car le support est recouvert d'une sorte de glacis. Il a

également le mérite d'être moins fragile et de pouvoir mieux être contrôlé. Mais cette restauration à base de vernis a ses limites : les effets métal tels qu'on les obtient avec les peintures *Alclad* sont dénaturés par le vernis et sont transformés en une sorte de glacis gris-métal n'ayant plus rien à voir avec les effets de métal nu si caractéristiques…

LE CHROME SUR LE MÉTAL

Dans le cas présent, il est plus facile de reconstituer un effet chrome miroir sur un support moulé en métal, sans utiliser de peinture. En effet, si les surfaces sont ternes, un léger ponçage au papier abrasif humide et à l'aide d'une brosse métallique montée sur une mini perceuse permet de retirer ce voile et mettre le métal à nu. Il suffit ensuite de polir les surfaces afin d'obtenir un brillant miroir (voir première partie).

Si les pièces qui sont d'origine dorées et/ou colorées ont perdu leurs effets, il faut alors employer la technique des vernis translucides teintés pour retrouver la brillance et les teintes contrastées originelles.

CONCLUSION

Vous l'avez compris, tous les vrais effets miroir de vos proders, spécialement ceux des pièces en plastique, ne peuvent qu'être simulés si l'on emploie des peintures métallisées et des vernis.

5e partie : dorure à la feuille

Certains monuments publics sont recouverts de feuilles d'or qui accentuent leur brillance. Nous pouvons procéder de même avec nos objets, en nous procurant des feuilles dorées que l'on trouve dans tous les magasins d'art, chez *Rougier et Plé* par exemple. Ces feuilles métalliques ressemblent à du papier alu dont la finesse est sans égale. Attention donc, car les feuilles se déchirent au moindre souffle ! Si je vous en parle ici, c'est que cette technique a sa place dans toute restauration, celle des *Chevaliers* en particulier, car elle donne des résultats satisfaisants. Mais sa mise en œuvre est des plus délicates.

En effet, même si la notice préconise une colle spéciale, nous pouvons procéder autrement, en vaporisant, par exemple, une fine couche de vernis brillant acrylique sur la pièce à traiter, sans attendre le séchage total. Ce vernis sert donc de colle, et le fait qu'il soit ainsi répandu empêche les empâtements fâcheux dus aux excès de colle. Bien entendu, la pièce doit alors être manipulée avec soin si on ne veut pas laisser des empreintes de doigts qui se verront à cause de la brillance et de la finesse de la matière.

La colle blanche diluée à l'eau et étendue au pinceau est également très efficace. En revanche, l'utilisation d'une colle en aérosol n'est pas recommandée car celle ainsi vaporisée possède une granulosité trop importante et ne permet pas de corriger les erreurs aussi facilement. Il est également recommandé de procéder par petites portions pour éviter le déchirement de la feuille.

Cette feuille métallique spéciale peut être aisément remplacée par de la feuille aluminium provenant d'emballages de chocolats !

LE PROCÉDÉ

Une fois correctement mise en place, la feuille de métallisation peut être protégée par une fine couche de vernis passée à l'aérographe ou provenant d'un aérosol. Mais attention à l'effet « glacis » qui ruine l'apparence d'un métal « nu ». Tout le succès de l'entreprise réside donc, non pas dans l'âge du capitaine Kirk, mais dans les soins apportés dans l'application de la feuille et dans celle du vernis. Il est également possible de recouvrir la pièce restaurée d'un vernis coloré, comme nous l'avons vu précédemment.

LES CHROMES ADHÉSIFS

Il existe plusieurs types de métaux autocollants, qu'ils soient métalliques ou en papier, ce dernier n'aimant pas les surfaces courbes. On les retrouve sous le terme anglais de *Bare Metal Foil*. De très bons résultats peuvent également être obtenus en appliquant de l'aluminium autocollant, du genre adhésif servant en plomberie. L'avantage du métal laminé est qu'il peut être « massé » afin d'être appliqué dans les coins et les arrondis, car sous l'action d'un outil à bout rond, le métal

s'écrase et se distend. En procédant par étape et en appliquant des sections qui se rejoignent sans se chevaucher, l'aluminium autocollant permet de restaurer de manière efficace le chrome disparu. Il existe de l'aluminium mat, brillant, chromé, lisse, légèrement granuleux, etc. Le choix est large, et question découpage, un bon cutter à lame neuve ou un outil X-Acto est parfait.

LE CAS DES LISERÉS

Certains objets de collection, comme les véhicules par exemple, comportent des fines bandes chromées, qui peuvent être aisément remplacées par du liseré autocollant. Du simple papier alu alimentaire encollé avec un bâton de colle, ou collé sur un adhésif double face, peut faire illusion.

Voici différentes feuilles de papier alu provenant de tablettes de chocolat ! Ces emballages utiles sont de divers tons argentés et dorés, et peuvent se substituer quelques fois aux feuilles d'or du commerce.

Le lissage du papier s'effectue délicatement en frottant avec le plat de l'ongle ou mieux, avec un outil à bout rond.

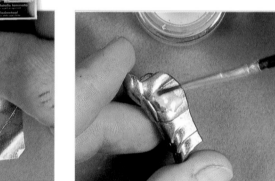

De la colle à bois diluée à l'eau est répartie sur les surfaces de la pièce à restaurer.

La feuille de métal s'applique délicatement en « brunissant » le papier à l'aide de l'outil à bout rond.

Un coton-tige suffit à lisser les surfaces. Mais attention ! Si on frotte de trop, la dorure risque de disparaître.

Voilà le résultat, à droite. Si quelques micro plis demeurent dans les creux, il faut lisser à nouveau jusqu'à les faire disparaître.

PROCÉDÉ SPÉCIAL

Sachez que la société *Conrad Electronique* propose un petit appareil de galvanisation électrolytique qui permet de recouvrir d'or et d'argent des pièces métalliques.

La conductivité du métal permet de déposer les électrolytes dorés ou argentés en couches microscopiques, afin d'obtenir de magnifiques et saisissants effets de chrome. On ne parle plus ici de peinture mais bel et bien de matière brillante à l'échelle moléculaire, dans la tradition joaillère. Excusez du peu !

LES STYLOS SPÉCIAUX

Ils contiennent des pigments qui s'apparentent à de la peinture. La marque japonaise *Gundam Marker* (non encore importée en France) a un rendu brillant surprenant. L'utilisation est facile pour celles et ceux qui ne possèdent pas encore l'expérience nécessaire pour intervenir sur des objets de collection, sans risquer de les abîmer plus.

Sachez également que les stylos de la marque *Reynolds Decoroller* or et argent permettent d'obtenir de très bons effets.

CONCLUSION

Gardez à l'esprit que les solutions et les techniques qui viennent de vous être livrées sont des voies à suivre et à creuser, et qui valent également pour d'autres sujets.

Restaurer un objet demande un savoir-faire qui ne s'acquiert qu'avec de la pratique ; aussi, je vous laisse seul juge pour savoir jusqu'où aller dans la restauration de vos proders.

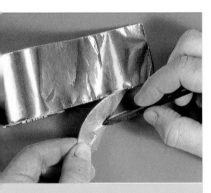

Tentative de restauration d'une aile avec de l'alu autocollant de plomberie. Si cette matière se prête bien au lissage, sa brillance ne convient pas toujours...

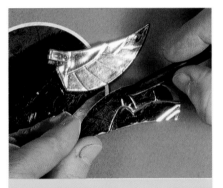

Cette feuille autocollante chromée est parfaite. En revanche le lissage pose plus de soucis car une micro-bulle vient d'apparaître au coin d'un relief. Et cette matière ne se « masse » pas...

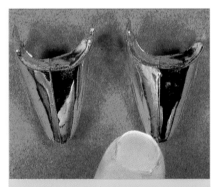

L'alu autocollant de plomberie convient parfaitement à cette pièce. Comme on peut le voir, le rendu est des plus convaincant, puisque l'on s'est servi de la ligne de moulage comme zone de transition.

On peut utiliser de la peinture pour donner de la brillance. Le feutre de la marque *Gundam,* utilisé ici, ne possède pas la brillance « chrome » nécessaire.

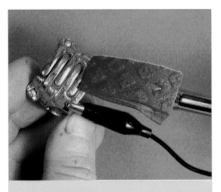

Autre technique : l'électrolyse chimique. Délicatement apliqué, ce petit appareil permet de déposer l'électrolyte or ou argent.

La pièce d'armure a été traitée en deux parties, argent (à gauche) et or (à droite). Le résultat est on ne peut plus merveilleux !

« Plus blanc que jaune ! »

Redonner un coup de blanc à vos objets

Le professeur Kelp ne veut pas vous quitter sans vous livrer un dernier petit secret...

BAIN DE JOUVENCE

Bien des objets qui étaient blancs à l'origine sont devenus jaunes dans le temps, à cause de la lumière et des bactéries. C'est le cas des figurines « vintage » Stormtroopers sorties lors du premier *Star Wars*. La technique qui est développée ici est également valable pour de nombreux autres sujets en plastique blanc. Le procédé est simple : les objets à traiter sont immergés dans un bain de produit chimique, en l'occurence du Perhydrol à 35 %, encore appelé peroxyde d'hydrogène (H_2O_2). Mais attention : ce produit est extrêmement DANGEREUX. Il est utilisé dans l'industrie chimique pour blanchir la pâte à papier. Après quelques jours, la couleur jaune aura disparu, en partie ou en totalité !

Il est temps de nous quitter, non sans regret. Si vous avez été attentif à mes conseils, votre collection sera entre de bonnes mains — les vôtres — et ne pourra que perdurer.

Et n'oubliez pas : qui ne tente rien n'a rien...

Le perhydrol à 35 % est une sorte d'eau oxygénée concentrée.

PRÉCAUTIONS

Ce produit utilisé est **DANGEREUX** ! Il occasionne des blessures graves à son simple contact ! Le fait même de l'inhaler lors du débouchage de la bouteille peut entraîner un empoisonnement sérieux ! Travaillez donc avec des gants et un masque, dans un local très aéré, voire à l'extérieur si vous en avez la possibilité. En aucun cas, ne tentez l'expérience dans votre cuisine, et encore bien moins dans votre salon et votre chambre à coucher ! Ces recommandations sont également valables pour les techniques précédentes.

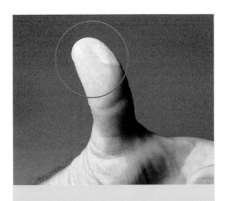

Ce produit chimique est si corrosif qu'il peut occasionner des brûlures graves.

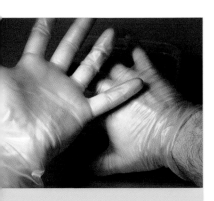

Il est donc plus que conseillé de porter des gants résistants.

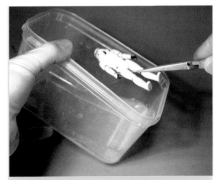

après avoir DÉLICATEMENT versé le produit dans un récipient, la figurine est plongée dans le bain.

Une pierre ou un poids quelconque maintient la figurine totalement immergée.

Après plusieurs jours d'immersion dans la boîte fermée, l'objet est ressorti. Avec des pinces, c'est plus sûr ! Il doit être passé sous l'eau avant toutes manipulation.

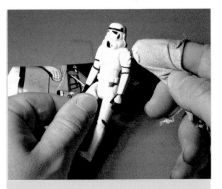

Ce produit à tendance à ternir les surfaces, mais n'entame pas ou peu les peintures. Un léger polissage fera retrouver la brillance.

Ainsi traités, vos objets de collection qui ont jauni retrouvent la blancheur de leurs vingt ans !

Professeur Marcus KELP
MÉDECIN DES STARS EN JOUET

—

CONSULTATION SANS RENDEZ-VOUS

HISTOIRE & COLLECTIONS
LA CLINIQUE DU PROFESSEUR KELP
5, AVENUE DE LA RÉPUBLIQUE
75541 PARIS CEDEX 11

—

contact@professeurkelp.fr

Le _____

DEMANDE D'UN AVIS DE RESTAURATION

CONCERNANT :

- NOM DE L'OBJET CHÉRI :

- MARQUE :

- DESCRIPTION PRÉCISE DES SYMPTÔMES
(joindre, si possible des documents photographiques de bonne qualité) :

- ADRESSE DU DEMANDEUR (et joindre une enveloppe timbrée pour la réponse) :

- ADRESSE COURRIEL :

DOCUMENT TYPE À PHOTOCOPIER ET À ENVOYER À L'ADRESSE INDIQUÉE EN HAUT À DROITE

MEMBRE DE L'ÉQUIPE RÉDACTIONNELLE DU MAGAZINE DIXIÈME PLANÈTE. www.dixiemeplanetemag.com